VINS DE FRANCE
ET DU MONDE

Champagnes

1 **P**laisir
2 **D**écouvrir
3 **C**hoisir
4 **A**cheter
5 **S**ervir
6 **G**arder

Sommaire

Les mots et le vin	6
L'œil	8
Le nez	10
La bouche	12
Un vignoble de marques	16
L'appellation	18
Les sols	20
Les cépages	22
La vinification	24
L'histoire	26
Le classement	28
12 domaines valeurs sûres	32
12 domaines pour grandes occasions	41
12 domaines atypiques	49
6 domaines mythiques	57
Les bons cavistes de la région	62
Acheter des vins à la propriété	64
La cote des vins	66
Comment servir et bien déguster ses vins	70
Accords parfaits	
Huîtres aux perles de pomme verte	72
Endives et saint-jacquesl	74
Dinde rôtie sauce aux morilles	76
Gratin de fruits rouges au romarin	78
Constituer votre cave	82
Notre sélection :	
à boire dans les 2 ans	84
à boire dans les 5 ans	86
à boire dans les 10 ans et plus	88
Fiches de dégustation	90
Glossaire	92
Index	94
Adresses	95
Crédits	96

1
laisir

Les mots et le vin	6
L'**œil**	8
Le **nez**	10
La **bouche**	12

▶ Plaisir

Les mots et le vin

"Quand un vin a une belle robe, chère Duchesse, il le faut contempler longtemps du regard. Puis vous l'approchez, vous le humez et, d'un grand soupir, vous imaginez tout ce qu'il évoque en vous, chaleur, tendresse, apaisement… Alors… vous reposez le verre… pour en parler."

Talleyrand

Charles Maurice de Talleyrand-Périgord (1754-1838), plus connu sous le nom de Talleyrand, l'un des hommes politiques les plus critiqués de son époque, aime le vin. S'il fut brièvement le propriétaire du château Haut-Brion, à Bordeaux, il fut surtout nommé par Louis XVI abbé de l'abbaye Saint-Rémi de Reims, en 1775. Dans ses écrits, il n'hésite pas à souligner que « le champagne est le vin de la civilisation ».

Ci-contre : le vignoble d'Œuilly, entre Epernay et Dormans.

▶ Plaisir

L'œil
Champagne

Pétillant, brillant, scintillant comme un diamant, le champagne exerce à l'œil un magnétisme particulier. Les bulles hypnotisent et appellent la fête, les robes d'un bel éclat doré ou rosé dansent dans les flûtes.

Si Musset considère que le champagne le rend spirituel, Voltaire souligne avec un certain sens de l'à-propos que *« de ce vin frais l'écume pétillante de nos François est l'image brillante »*. Voici donc un vin bien né dont la seule robe anime les esprits les plus marquants de leur époque.

La magie du champagne commence par un simple regard. Les yeux hypnotisés par l'ascension des bulles le long de la flûte, comme dessinant une cheminée invisible. Puis on approche l'oreille et on écoute parler le vin. Par sa nature, il est le seul à émettre un bruit, celui du gaz qui se dégage. Certaines cuvées sont bavardes, d'autres timides et réservées. Mais ce n'est pas un signe qualitatif. Juste un instant musical. En revanche, la taille des bulles en est un. Plus elles sont fines, meilleur est le champagne. Mais leur nombre et la densité de la mousse est plutôt un critère de pression du gaz, de température de service et de constitution du vin.

La robe ou plutôt les robes varient en fonction des cépages employés, de la qualité et de la constitution du vin et de son âge. Si le blanc de blancs possède une robe claire, d'un beau jaune pâle, le vin issu de pinots meunier et noir présente une couleur plus intense, dorée. Lorsque le champagne vieillit, sa couleur évolue et s'intensifie.

De leur côté, les champagnes rosés livrent un éventail de teintes allant du blanc aux reflets rosés jusqu'aux tons ambre, en passant par le saumon.

▶ Plaisir

Champagne
Le nez

Arômes de fruits rouges, de pivoine, de violette, de tilleul, de brioche, d'agrumes, de pêche et de noisette, le champagne peut distiller une palette aromatique très large selon les cépages employés.

Inutile de caler son nez contre le verre comme pour un vin tranquille. Une légère inspiration et le gaz carbonique vient chatouiller les muqueuses nasales. C'est l'éternuement assuré ! Avec le champagne, il faut savoir garder ses distances et laisser les arômes venir lentement vers le nez.

Dès les premiers instants, le vin livre de façon assez nette les arômes issus des cépages employés. Le pinot noir révèle des notes de fruits rouges, comme la cerise et la framboise, mais aussi la pivoine et la violette. Le pinot meunier apporte des notes de fruits rouges, mais aussi d'agrumes. Quant au chardonnay, il livre des notes de fleurs blanches, de tilleul, d'épices, de pêche et d'amande fraîche. Sur certains grands vins, comme le Clos du Mesnil de Krug, on retrouve même du tabac blond et de la bergamote. C'est la magie de l'assemblage entre les cépages, entre les vins de différents millésimes et entre les nombreuses parcelles des différents terroirs qui vont sculpter le profil organoleptique du champagne désiré. Ici, l'assemblage est un art.

Certains champagnes peuvent également produire des notes de levure, de brioche, de beurre frais, voire de cake. Une famille d'arômes qui provient de la seconde fermentation. Si elles demeurent discrètes et disparaissent au vieillissement, ces effluves, lorsqu'elles sont trop prononcées, signent des champagnes caricaturaux. Tout comme les notes de fruits exotiques.

▶ Plaisir

Champagne
La bouche

Vineux ou minéral, frais, opulent, structuré ou gourmand, envahissant ou discret… En bouche, le champagne revêt plusieurs visages animés par des bulles espiègles qui taquinent les papilles.

Une fois en bouche, inutile de tenter de découvrir si les bulles ont un goût. Un seul conseil : éviter de faire tourner le champagne dans sa bouche, comme pour un vin tranquille, au risque d'avoir la désagréable sensation d'avoir les papilles anesthésiées par le gaz carbonique. C'est à cet instant que l'on peut mesurer la consistance gazeuse du champagne. Ainsi il peut être envahissant, si le gaz se manifeste beaucoup en bouche, ou au contraire discret. Mais le diamètre des bulles joue aussi. Le gaz peut être présent, mais si les bulles sont d'une grande finesse, le touché en bouche ne sera pas du tout le même qu'avec de grosses bulles, auquel cas nous dirions que ce champagne est grossier.

Dans un second temps, l'analyse gustative du champagne s'effectue de la même manière que pour un vin tranquille. Les vins produits à partir de chardonnay sont plus fins et plus frais en bouche que ceux issus de pinot noir ou de meunier. Moins structurés aussi, avec une sensation moins vineuse. Ce sont généralement des champagnes aériens, légers, qui seront destinés à l'apéritif. En outre, certains grands champagnes composés majoritairement de pinot noir, tout en conservant leurs caractéristiques variétales (notes de fruits rouges), recèlent une finesse et une délicatesse qui les prédisposent également à l'apéritif. Mais, généralement, les vins élaborés à partir de cépages noirs présentent une structure plus imposante en bouche avec un côté vineux très agréable. On les sert alors plutôt au cours du repas.

Enfin, le dosage joue également un rôle important. Un champagne brut non dosé doit certes posséder une certaine acidité, mais celle-ci ne doit pas être agressive. Et en ce qui concerne le brut, le demi-sec et le doux, le dosage en liqueur (voir la partie sur la méthode champenoise) doit être subtil. Il sert à tempérer l'acidité naturelle du champagne et non à le pommader. Le vin doit rester équilibré et harmonieux.

D

2
écouvrir

Un **vignoble de marques** 16
L'**appellation** 18
Les **sols** 20
Les **cépages** 22
La **vinification** 24
L'**histoire** 26
Le **classement** 28

▶ Découvrir

Un vignoble de marques

Vin de toutes les fêtes, vin d'exception, produit de luxe, le champagne connaît un succès planétaire qui cache une réalité socio-économique stratifiée, composée de grandes maisons, de caves coopératives et de propriétaires récoltants.

Le jardin Odette-Prévost, à Oger, dans la Marne.

Le vignoble champenois couvre près de 33 000 hectares, pour l'essentiel dans les départements de la Marne, de l'Aube et de l'Aisne, tous trois en limite nord de la capacité du raisin à mûrir. Les vendanges sont donc habituellement pauvres en sucre et riches en acides. Avec beaucoup d'audace et de savoir-faire, les Champenois ont transformé la faiblesse initiale de la matière première en force. Ils ont mis au point une technique capable d'exalter la finesse du raisin et de rendre supportable l'acidité d'un fruit qui a du mal à mûrir parfaitement. La prise de mousse en bouteille équilibre l'acidité par les bulles et épanouit la saveur minérale du raisin, due à la craie sur laquelle pousse la vigne. Quant au mélange savant dans l'élaboration d'une cuvée de raisins de plusieurs origines et, pour les bruts sans année, de plusieurs millésimes, il s'explique par la nécessité de compenser les défauts d'une origine et d'une année par les qualités d'une autre.

L'élaboration d'un bon champagne exige une importante main-d'œuvre, pour la manipulation du vin, et beaucoup de temps, donc d'argent. Une immobilisation en cave de quatre ou cinq récoltes décide de la plus haute qualité possible, que seule est en mesure de garantir, au sein des maisons champenoises, une trésorerie solide.

Trois familles se partagent le marché moderne du champagne :
– Les maisons de négoce traditionnelles disposent d'un vignoble plus ou moins étendu et achètent à un grand nombre de vignerons différents. Elles sont donc plus à même d'élaborer des cuvées complexes, d'autant plus nécessaires que les volumes à fournir sont importants. Leur force commerciale a répandu le champagne sur toute la planète ; elles contribuent ainsi fortement, par leur image de marque, au prestige du produit.
– Les caves coopératives fournissent, pour l'essentiel, les maisons de négoce en raisin ou en vin tranquille (le vin avant sa champagnisation), mais développent des marques commerciales de champagne qui fonctionnent comme celles des maisons de négoce. Par exemple : Nicolas Feuillate ou Veuve A. Devaux. En échangeant leurs raisins, elles aussi peuvent élaborer des cuvées complexes. Elles cèdent également une partie de leurs vins à des coopérateurs qui font croire qu'ils élaborent le vin eux-mêmes puisqu'ils mettent leur nom sur l'étiquette ; seules les initiales R.C. (récoltant-coopérateur), inscrites en minuscules au bas de l'étiquette, révèlent le subterfuge.
– Les vrais vignerons élaborateurs, appelés dans le jargon champenois les récoltants-manipulants (R.M.), n'offrent à la vente que le produit, forcément limité, de leur propre vignoble. Leurs assemblages sont a priori moins complexes que ceux des grandes maisons. Toutefois, les meilleurs compensent, à terroir égal, par des rendements moindres ou un haut niveau de viticulture. Dans les grandes années, leurs vins possèdent un cachet difficile à égaler. Ils exportent peu et fournissent à la clientèle française une bouteille sur deux.
Enfin, ces trois familles peuvent produire des champagnes de marque auxiliaire (M.A.), comme sous-marque ou pour satisfaire un marché particulier (Champagne Fauchon, Ritz, etc.).

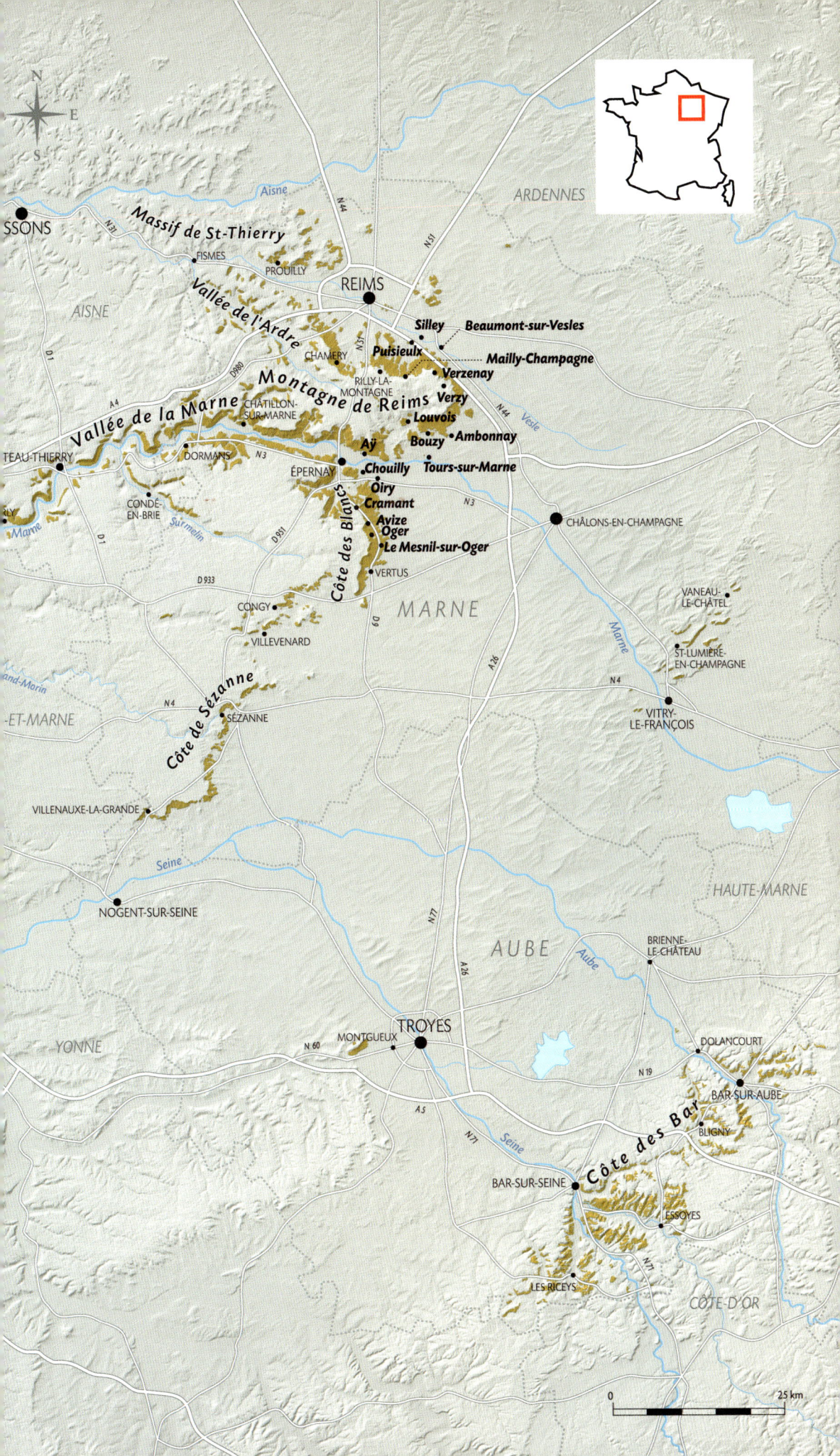

▶ Découvrir

L'appellation

Une seule appellation : Champagne

La Champagne est la seule région viticole de France à ne revendiquer qu'une appellation principale. C'est ce qui fait sa plus grande force. Toutefois, ce vignoble compte de nombreux terroirs et zones de production.

La plupart des champagnes des grandes maisons sont des vins d'assemblage composés de raisins provenant de plusieurs origines. Mais de leur côté, les récoltants-manipulants proposent des vins de crus, exprimant la typicité particulière d'une commune ou du secteur où ils sont situés.

Les communes viticoles de Champagne ont par le passé été classées selon une échelle qui déterminait le prix de vente du raisin, ce qui de nos jours s'avère beaucoup moins vrai, en raison d'une quasi-pénurie de matière première. D'ailleurs, l'aire d'appellation est en cours de révision afin de l'agrandir et d'intégrer des terroirs qui pour l'essentiel avaient été plantés par le passé. Dans la classification originelle, les meilleures communes ont été rangées entre 90 et 100 %, c'est-à-dire qu'elles vendaient leurs raisins entre 90 et 100 % du prix maximal. Entre 90 et 99 %, les villages sont classés premiers crus, à 100 %, ils sont reconnus comme grands crus. Deux termes qui peuvent être apposés sur l'étiquette. Relativement précise, cette échelle englobe toutefois l'ensemble de la production du village et non pas les meilleurs coteaux de chacun d'entre eux.

On peut considérer que la Champagne est découpée en six grandes zones de production :

L'Aisne : élaborés avec une dominante de pinot meunier, les vins ont progressé. Ils sont souples et légers. Mais la majorité des récoltants-manipulants manque encore un peu de technicité.

L'Aube : produit des vins réguliers, bien charpentés, souvent plus mûrs et donc moins frais, à fort caractère de terroir. Dans le secteur des Riceys, le pinot noir trouve une finesse exceptionnelle égalant au vieillissement celle des champagnes de la vallée de la Marne.

La Côte des Blancs : elle est reconnue pour la finesse et l'éclat de ses chardonnay, grâce auxquels on produit les meilleurs champagnes blancs de blancs.

La Montagne de Reims : au sud, vers Ambonnay et Bouzy, elle donne des vins – surtout de pinot noir – corsés et de caractère, plus élégants à Ambonnay, plus terriens à Bouzy. A Verzy et Verzenay, les pinots noirs, issus de terroirs plus froids, produisent des vins nerveux qui s'harmonisent avec un apport de raisins blancs. On en trouve d'excellents dans les villages proches de Trépail et de Villers-Marmery. Vers Chigny-les-Roses et Ludes, un encépagement équilibré engendre des vins universels, bons de l'apéritif au dessert.

La petite Vallée de la Marne : de Dormans à Venteuil, elle donne des vins du même type, à peine plus corsés.

La grande Vallée de la Marne : de Cumières à Mareuil-sur-Aÿ, elle produit les plus somptueuses cuvées de pinot noir. En grande année, celles-ci atteignent leur apogée entre six et douze ans et se marient particulièrement bien à table avec les viandes blanches et les gibiers à plume.

Enfin, la Champagne produit également des vins tranquilles portant l'appellation d'origine contrôlée (AOC) Coteaux Champenois (rouge, rosé et blanc), comme le bouzy rouge, ou encore l'AOC Rosé des Riceys. Ces productions restent toutefois relativement marginales.

Ci-contre : la commune de Cuis, dans la Côte des Blancs.

▶ **Découvrir**
Champagne
Les sols
Une alliance avec le calcaire

La Champagne est un vignoble de coteaux, dont la particularité est d'être planté sur des sols à forte composante calcaire et marneuse. Ses terroirs favorisent une maturation des raisins parfaitement adaptée à la production de vins effervescents, en ciselant la finesse des cuvées.

S'il est une région atypique quant à la production de vin, c'est bien la Champagne. Sa localisation géographique – c'est le vignoble le plus au nord de l'Hexagone –, ses conditions climatiques rudes et les particularités de son sous-sol sont autant d'éléments qui, grâce à l'intelligence de l'homme au fil des siècles, ont pu devenir des atouts considérables pour l'élaboration du champagne. La situation septentrionale et le climat frais favorisent un bon équilibre sucre/acide du raisin, nécessaire à l'élaboration de vins effervescents de qualité.
Le terroir y concourt également. Le vignoble champenois est situé sur les reliefs de la partie est du Bassin parisien, dont l'un des plus caractéristiques est la Montagne de Reims. Des massifs qui se sont formés suite au soulèvement des zones nord et est du Bassin parisien. Plantée sur les coteaux, la vigne bénéficie ainsi d'un meilleur ensoleillement qu'en plaine. C'est la raison pour laquelle, au XVIIe siècle, on appelait le champagne le « vin des coteaux ».
Mais la grande qualité du terroir champenois tient dans son sous-sol composé à 75 % de calcaire, sous diverses formes (craie, marne, grès...). Le calcaire est très apprécié de la vigne car il favorise le drainage des sols. La craie joue aussi un rôle important. Elle est capable de retenir en profondeur des quantités impressionnantes d'eau (300 à 400 litres par m^3) qui irrigueront par capillarité naturelle les vignes lors des étés secs.
Comme on le voit sur la coupe de sol de la Montagne de Reims, la culture de la vigne ne s'étend pas jusqu'à la Vesle. En revanche, elle est présente sur les pentes du coteau, dans les zones où l'on retrouve un sous-sol adapté. En fonction de l'orientation de la pente des différents coteaux plantés de vignes, et du type de la concentration en calcaire dans le sol, les cépages diffèrent. Par exemple, dans la Côte des Blancs, au sud d'Epernay, et la côte de Sézanne, exposées à l'est et où la craie est affleurante, le chardonnay prédomine. Alors que sur la Montagne de Reims, là où la craie est présente plutôt en profondeur, le pinot noir est privilégié. Enfin, sur les zones telles que celle de la Marne où le sol est plus marneux, argileux ou sableux, le pinot meunier est majoritaire.

Ci-contre, en haut : le village de Bonneil, qui domine toute la vallée de la Marne.
Ci-contre, en bas : Bouzy, sur la Montagne de Reims.

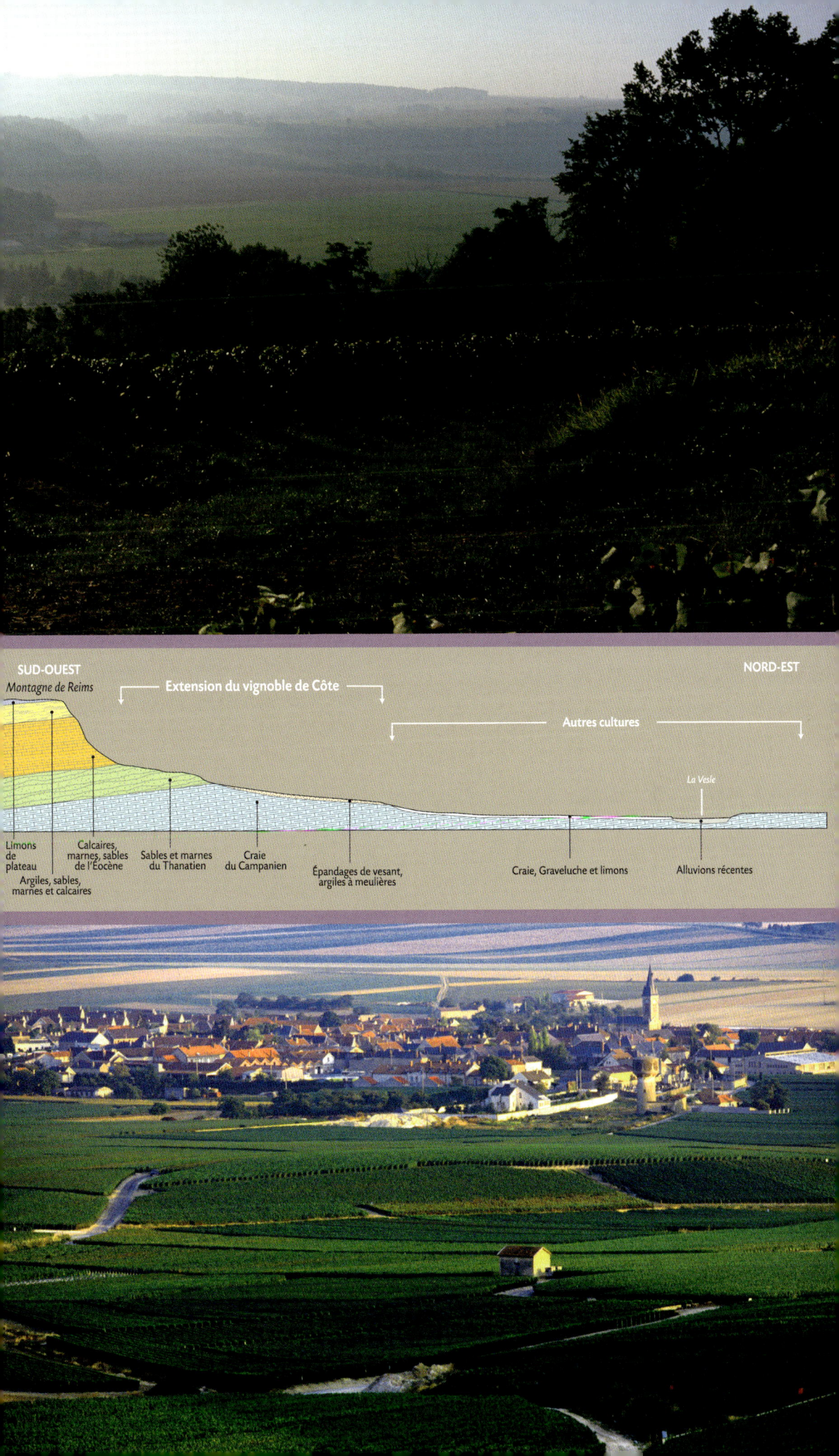

▶ **D**écouvrir

Les grands cépages de Champagne

Trois cépages majeurs sont à la base de l'élaboration des champagnes, deux rouges, les pinots noir et meunier, et un blanc, le chardonnay. Chacun apportant son caractère, ils s'adaptent à merveille aux terroirs de la région.

Vendanges à Cramant.

Pinot noir

Cépage majeur de la partie septentrionale du vignoble français, notamment en Bourgogne, il est aussi le principal cépage de Champagne. Il couvre 38 % de sa superficie, soit plus de 12 000 hectares. Le pinot noir donne des vins corsés. Plus délicat à presser que le chardonnay (il faut éviter que le jus ne se colore), il est aussi peu acide et se révèle parfois médiocre en petite année. Dans les grandes années, il permet d'élaborer des champagnes vineux et structurés, au bouquet délicat. On le retrouve essentiellement dans l'Aube, dans la Montagne de Reims et au cœur de la vallée de la Marne. Un champagne issu uniquement des deux pinots (noir et meunier) ou d'un seul peut s'appeler blanc de noirs. Le pinot noir est également employé dans l'élaboration de vins tranquilles de l'appellation d'origine contrôlée (AOC) Coteaux Champenois, dont le plus connu est le bouzy rouge.

Chardonnay

Ce grand cépage bourguignon, qui donne ses lettres de noblesse aux chablis, montrachet et autre meursault, s'accommode parfaitement des coteaux calcaires et crayeux de la Champagne. Sur ces terroirs, il est tout bonnement sublimé. Couvrant 28 % de la surface du vignoble, le chardonnay révèle une bonne teneur en sucre les années chaudes, ce qui ne l'empêche pas d'apporter de la fraîcheur, de la finesse et du nerf dans les assemblages avec les deux autres cépages. Vinifié seul, le champagne porte alors la dénomination « blanc de blancs ». Il se montre d'une grande délicatesse, minéral et d'une belle fraîcheur. On le trouve sur la Côte des Blancs et sur la rive gauche de la Marne, avec des îlots privilégiés dans la Montagne de Reims, où il produit des champagnes plus charpentés.

Pinot meunier

Ce cépage est aujourd'hui le deuxième plus important du vignoble champenois et couvre 34 % de sa superficie, soit environ 11 000 hectares. Comme le pinot noir, le pinot meunier donne des vins fruités et peu acides. En revanche, il pèche par un vieillissement plus rapide et par un certain manque de distinction. En assemblage, il apporte de la souplesse et sert surtout à lier les qualités dissemblables des deux autres cépages. Il s'étend particulièrement sur les coteaux de l'Aisne et ceux du début de la vallée de la Marne.

▶ Découvrir

Vinification

De la tranquillité à l'effervescence, naissance des champagnes

Dans l'intimité des caves champenoises, le « vin blond », stocké en bouteilles, réalise lentement sa prise de mousse. Il se métamorphose, grâce à la méthode mise au point, selon la légende, par le moine Dom Pérignon.

C'est à une lente métamorphose à laquelle participent les Champenois, dans le secret de leurs caves. Un moment particulier où le vin blanc qu'ils ont vinifié, comme tous les autres vins du monde, se transforme, réalise sa « prise de mousse », c'est-à-dire qu'il devient effervescent. Les bulles apparaissent. La chrysalide se transforme en papillon, le vin en champagne.

Après les vendanges, les raisins sont pressés et le moût commence à fermenter. Le sucre se transforme en alcool. Le vigneron peut réaliser cette fermentation en cuve en inox ou en foudre en bois selon l'orientation qu'il veut donner à sa cuvée. Mais il sépare chaque lot de vin en fonction de sa parcelle d'origine, de son cépage (chardonnay, pinot noir...) et de sa typicité.

Au cœur de l'hiver, lorsque la fermentation est totalement terminée, le vigneron procède à l'assemblage des lots afin de réaliser la « cuvée » qu'il désire. Il peut également puiser dans sa réserve de vins de millésimes antérieurs pour apporter un surplus de complexité (c'est la raison pour laquelle les champagnes sont majoritairement non millésimés). Cette possibilité d'assembler les millésimes vient du fait que le vignoble étant situé en limite septentrionale, il est souvent tributaire des conditions météorologiques. Afin de compenser les années où la vigne produit peu, les vignerons champenois ont le droit de créer un stock de réserve qu'ils peuvent employer au moment des assemblages.

C'est seulement après l'étape essentielle de l'élaboration de la cuvée que les vins sont embouteillés avec l'ajout d'une petite quantité de levure et de sucre (appelée « liqueur de tirage »). Puis les bouteilles sont capsulées et descendues en cave pour y être stockées durant plusieurs mois. Les levures déclenchent alors une seconde fermentation qui produit du gaz carbonique. La pression dans la bouteille monte, c'est ce que l'on appelle la « prise de mousse ». Le vin devient effervescent. A cette étape, le champagne doit encore vieillir, prendre de l'âge. La durée minimale entre la mise en bouteilles et l'expédition est de quinze mois minimum pour les champagnes génériques et de trois ans pour les champagnes millésimés. Durant cette période, les levures et le vin interagissent et un dépôt – qu'il convient d'éliminer – se forme. Pour ce faire, en phase finale, les bouteilles sont installées sur des pupitres, la tête en bas. Le remuage commence. Régulièrement, le chef de cave (aujourd'hui des machines automatisées) fait tourner d'un huitième de tour environ la bouteille afin de faire descendre lentement le dépôt dans le col du flacon. Puis, il procède au dégorgement : il décapsule la bouteille et le gaz expulse les sédiments. De nos jours, cette manipulation est également automatisée : on congèle temporairement le col de la bouteille avant l'expulsion du dépôt. Enfin, avant d'obtenir définitivement la bouteille avec le bouchon en liège, la plaque et le muselet, on ajoute un peu de « liqueur d'expédition », mélange de sucre de canne et de vin de champagne. Ainsi on va apporter au champagne sa touche finale et déterminer la nature de la cuvée en fonction de la quantité incorporée : brut, sec, demi-sec.

Signalons également que la Champagne est la seule région viticole française où il est permis d'assembler vins rouges et blancs pour élaborer du champagne rosé.

Ci-contre, en haut : pressoir.
Ci-contre, en bas : arrosage des fûts chez Krug.

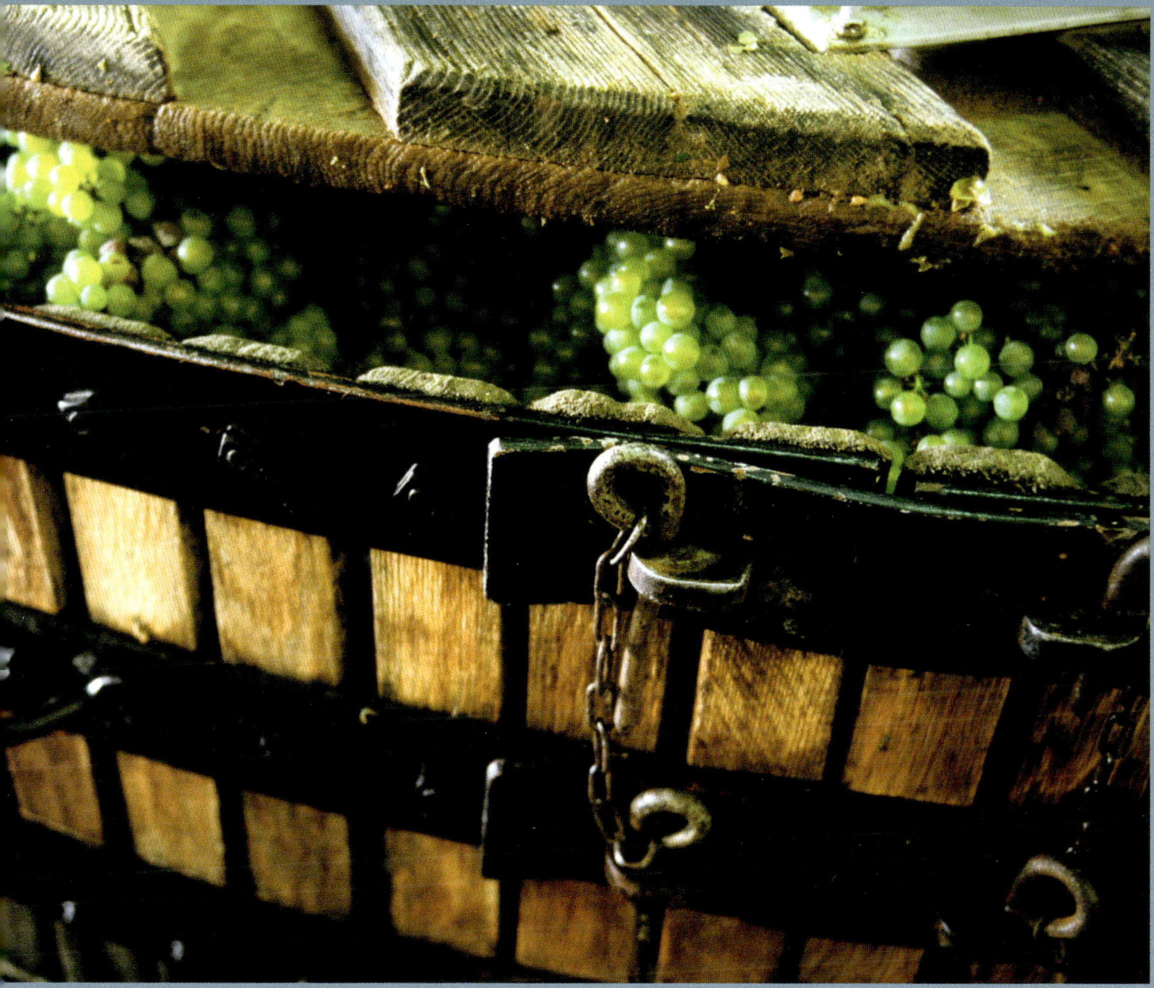
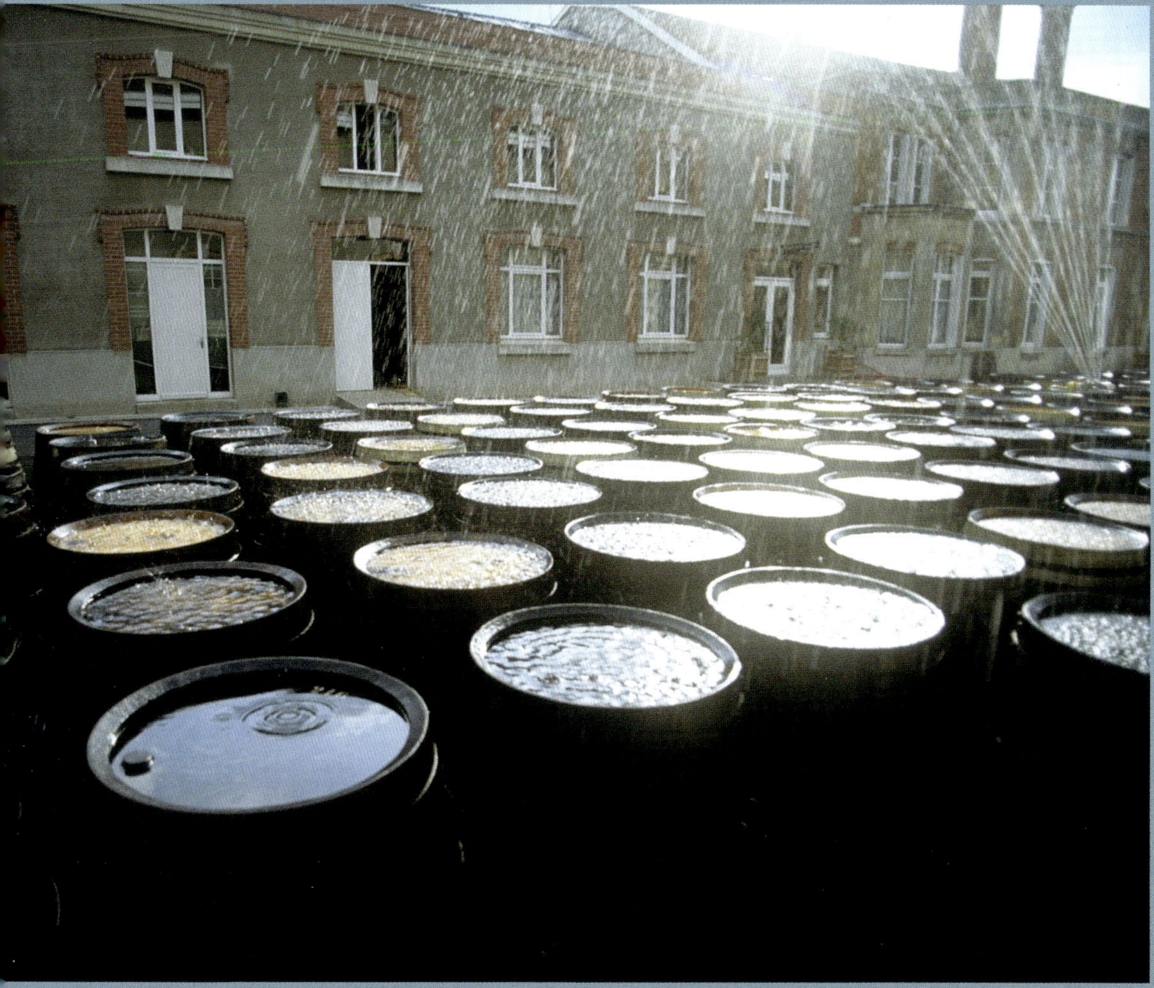

▶ **Découvrir**

L'histoire
A la naissance des bulles

Le vin de Champagne a été le compagnon de tous les sacres de rois de France, à la cathédrale de Reims. Mais ce n'est qu'à partir de la fin du XVIIe siècle que celui-ci devient effervescent et enfile ses habits de fête.

La culture de la vigne a peut-être été introduite en Champagne par les Romains, mais ce sont certainement les premières congrégations religieuses qui l'ont développée. Lorsqu'en 496, saint Rémi baptise Clovis, le religieux vit dans une villa entourée de vignes.

Pendant des siècles, la vigne est circonscrite dans les villes proches des voies navigables : Epernay, Hautvillers, Aÿ sont autant de zones de production de ce que l'on appelle à cette époque vin de France et qui trouve lentement sa place auprès des puissants. Lors du sacre de Charles IV en 1322, puis de Philippe VI de Valois, ces crus sont largement consommés après les cérémonies. Ce n'est qu'à partir du XVe siècle que l'on identifie les crus selon leur ville d'origine. Ainsi, la renommée des vins d'Aÿ passe les frontières et ils triomphent, notamment aux Pays-Bas, à la fin de ce siècle. Petit à petit, la Champagne donne son nom aux vins de la région. Il faut attendre la fin du XVIIe siècle pour que les vins changent d'aspect et deviennent effervescents, tels que nous les connaissons aujourd'hui. La légende veut que ce soit Dom Pierre Pérignon qui ait découvert la méthode permettant cette effervescence, mais la réalité est plus complexe. L'homme, procureur de l'abbaye d'Hautvillers, a la charge du vignoble durant quarante-sept ans (1668-1715), jusqu'à sa mort. Au cours de cette période, il met en place des méthodes afin de produire le meilleur vin qui soit (plantations, vendanges sélectives, pressurage, vinifications, construction d'une nouvelle cave...). Dans tous les domaines, il améliore la qualité de la production. Et c'est en apportant ce savoir-faire qu'il parvient à élaborer un vin qui peut se conserver plusieurs années, contrairement aux vins de la région qui, à l'époque, tournent en quelques mois. Par ailleurs, Dom Pérignon met en bouteilles le vin aux alentours du 15 mars, à un moment de la vie du vin où celui-ci peut encore contenir un peu de sucre résiduel. Si bien que la fermentation repart, mais comme le vin est enfermé dans une bouteille, le gaz produit par la fermentation reste emprisonné à l'intérieur, d'où l'effervescence. La méthode champenoise est née. Hélas, cette technique est chère et difficile à mettre en œuvre. Les premiers temps, la forme ronde des bouteilles ne supporte pas la pression. La bouteille champenoise telle que nous la connaissons aujourd'hui fait son apparition au début du XVIIIe siècle. Certaines années, le vin ne mousse pas ou alors la pression est telle qu'un producteur pouvait voir un tiers de sa production exploser dans ses caves. Si le champagne connaît un succès rapide, tout d'abord en Angleterre, il n'en demeure pas moins cher. A Paris, au XVIIIe siècle, une bouteille vaut l'équivalent de quatre jours de travail d'un ouvrier.

Renommée aidant, le champagne devient rapidement le compagnon de la fête et des commémorations. Il est commandé par toutes les têtes couronnées d'Europe. Les propriétaires des maisons de Champagne courent le monde pour le vendre. Les tsars de Russie s'en régalent. Progressivement, il quitte son statut de vin pour devenir un nom presque commun. Au point qu'aujourd'hui, pour nombre de consommateurs, le champagne n'est pas du vin, mais un produit d'exception réservé aux grandes occasions.

Ci-contre, en haut : Les Riceys, commune la plus méridionale de l'appellation Champagne.
En bas : collection de plaques de muselet.

▶ Découvrir

Classement

Il n'existe pas de classement officiel des domaines en Champagne. Voici celui que vous propose "La Revue du vin de France" et "Le Figaro Magazine".

★★★

Bollinger
Egly-Ouriet
Krug
Salon
Jacques Selosse

★★

Billecart-Salmon
Charles Heidsieck
Deutz
Dom Pérignon
Henriot
Jacquesson
Larmandier-Bernier
Pol Roger
Louis Roederer
Veuve Clicquot Ponsardin

★

Agrapart et Fils
Paul Bara
Barnaut
De Sousa
Duval-Leroy
Gatinois
Pierre Gimmonnet et Fils
Gosset
Alfred Gratien
Jean Lallement et Fils
Laurent-Perrier
Marie-Noëlle Ledru
Lilbert-Fils
Mailly Grand Cru
Pierre Moncuit
Franck Pascal
Joseph Perrier
Philipponnat
Roses de Jeanne - Cédric Bouchard
Ruinart
A. Soutiran
Taittinger

Champagne
Lire une étiquette

Classement, millésime, appellation, marque : pas toujours facile de comprendre un vin de Champagne en lisant son étiquette. Voici les principaux éléments pour ne plus se tromper.

❶ Extra-brut, brut, dry, demi-sec
Ces mots désignent des champagnes qui vont du plus sec au moins sec, selon la proportion de liqueur d'expédition ajoutée (cf. rubrique consacrée au dosage). « Non dosé », « brut intégral » ou « brut nature » indiquent l'absence de toute liqueur (et donc les champagnes les plus secs), le remplissage final de la bouteille ne se faisant qu'avec du vieux vin tranquille.

❷ Blanc de blancs
Champagne produit exclusivement à partir de raisins blancs (par exemple chardonnay). A l'inverse, blanc de noirs désigne un champagne produit à partir de raisins noirs de pinot noir et/ou de pinot meunier.

❸ Grand cru, premier cru
Ces deux mentions définissent des champagnes provenant exclusivement de communes classées à 100 % pour la première, et de 90 à 99 % pour la seconde (lire la rubrique consacrée aux terroirs et aux zones de production). Ce sont généralement les récoltants-manipulants qui revendiquent ce classement, tandis que les maisons de négoce préfèrent donner à leurs acheteurs la « moyenne » de classement de leurs approvisionnements (sur leurs plaquettes publicitaires), mais se gardent bien de l'imprimer sur l'étiquette...

❹ Millésime
Historiquement, seules les meilleures années étaient millésimées en Champagne, en raison des caprices de la météo. Depuis les années quatre-vingt-dix, quasiment toutes les années ont été millésimées. La qualité n'explique pas tout : le millésimé est désormais un champagne indispensable d'un point de vue commercial, dans la gamme du récoltant comme dans celle des plus belles maisons.

❺ R.M.
Ce sigle écrit en tout petit sur l'étiquette précise qui produit le champagne. R.M. signifie *récoltant-manipulant*. En d'autres termes, c'est un vigneron qui élabore ses propres champagnes. N.M. veut dire *négociant-manipulant*, cela correspond aux maisons de négoce traditionnelles qui possèdent un vignoble, mais qui achètent également un grand volume de raisin pour élaborer leur champagne. Derrière C.M. se cachent les *caves coopératives* produisant des champagnes. Enfin, M.A. pour *marque auxiliaire* révèle des champagnes produits pour certains marchés ou pour des marques de distribution. Ce sont souvent des champagnes d'entrée de gamme.

3
hoisir

12 domaines **valeurs sûres**	32
12 domaines pour **grandes occasions**	41
12 domaines **atypiques**	49
6 domaines **mythiques**	57

▶ **C**hoisir

La sélection des meilleures cuvées

Voici une sélection des meilleurs champagnes réalisée par le comité de dégustation de "La Revue du vin de France" en association avec "Le Figaro Magazine". Ces cuvées ont été réparties au sein de quatre catégories afin de vous aider à mieux choisir.

Ces vins sont le fruit de la rencontre entre la main de l'homme et un terroir exceptionnel. Les propriétés emblématiques de la région, réparties en quatre catégories, sont commentées, et les vins notés sur 20.

• **Les domaines valeurs sûres**
Des domaines à choisir en toute confiance.

• **Les domaines pour les grandes occasions**
Plus accessibles que les crus mythiques, ils offrent une alternative intéressante.

• **Les domaines atypiques**
Des vins hautement qualitatifs qui sortent des canons de l'appellation. Beaucoup de surprises dans cette sélection.

• **Les domaines mythiques**
Cette catégorie rassemble les domaines les plus prestigieux de la région.

Chaque domaine est noté de zéro à trois étoiles en fonction de la qualité des vins et du terroir.

Duval-Leroy*
MARNE

Rouge : 100 ha et achat de raisin.
Pinot meunier 50 %, pinot noir 50 %.
Blanc : 100 hectares et achat de raisin.
Chardonnay 100 %.
Production moyenne : 5 000 000 bt/an.

■ Brut Femme de Champagne 1996
Prix : D • blanc • 17,5
■ Brut Clos des Bouveries Authentis 2002. Prix : C • blanc • 17
■ Brut 1996
Prix : C • blanc • 16
■ Brut Cumières Authentis 2001
Prix : C • blanc • 16
■ Brut Fleur de Champagne Blanc de Chardonnay 1998
Prix : C • blanc • 15,5
■ Brut Fleur de Champagne Rosé de Saignée. Prix : C • rosé • 14,5

✉ Duval-Leroy
69, avenue de Bammental,
51130 Vertus
☎ 03 26 52 10 75
FAX 03 26 52 12 93
@ champagne@duval-leroy.com
SITE www.duval-leroy.com
🕑 Du lundi au vendredi de 9 h à 12 h et de 13 h 30 à 17 h sur rendez-vous uniquement
👤 Carol Duval-Leroy

Carol Duval-Leroy développe avec énergie cette maison familiale disposant d'un large approvisionnement dans le secteur de Vertus (sud de la côte des Blancs), qui lui garantit une bonne fiabilité de production. Depuis 2007, elle confie les vinifications à une autre femme du champagne, Sandrine Logette. Duval-Leroy fait désormais partie des maisons qualitatives montantes ; en dix ans, elle a su ouvrir et révolutionner sa gamme. L'esprit Duval-Leroy ? Des vins nets, très fruités, d'une grande finesse de bulles, où l'expression ne gomme pas la force du terroir, comme on s'en rendra compte avec la gamme Fleur de Champagne, que ce soit en blanc de Noirs ou en blanc de Blancs, désormais des valeurs sûres. Pour la restauration et les cavistes, la marque multiplie les cuvées parcellaires à forte personnalité (gamme Authentis).

Les vins : une longue série calibrée, un enchaînement de cuvées qui va crescendo dans la maturité et la complexité des expressions de terroir. A retenir : la compacité et la richesse du brut premier cru Fleur de Champagne ; l'élégance fraîche et patinée du Blanc de Chardonnay 1998, des bulles pour fruits de mer et poissons ; le nez discret, tout en élégance, dans les petits fruits rouges, du rosé de saignée, un style de champagne par ailleurs souvent mollasson ; la maturité enrobée de nuances figuées du Cumières 2001, toujours franc et clair en finale ; l'évolution ménagée et la rondeur vive du millésimé 1996, dont le supplément de persistance confirme la grandeur du millésime.

12 DOMAINES valeurs sûres

Gatinois*
MARNE

Rouge : 6,2 hectares.
Pinot noir 100 %.
Blanc : 1 hectare.
Chardonnay 100 %.
Production moyenne : 50 000 bt/an.

■ Brut Grand Cru 2002
Prix : B • blanc • 16,5
■ Brut Grand Cru Réserve
Prix : A • blanc • 16
■ Brut Grand Cru
Prix : A • rosé • 14,5

✉ Gatinois
7, rue Marcel-Mailly, 51160 Aÿ
☎ 03 26 55 14 26
FAX 03 26 52 75 99
@ champ-gatinois@hexanet.fr
Ouvert du lundi au samedi de 8 h à 18 h sur rendez-vous
Pierre et Marie-Paule Cheval-Gatinois

Les 7,2 ha actuels sont éparpillés sur 27 parcelles, toutes remarquablement situées en coteau. Pierre Cheval-Gatinois pratique une culture très traditionnelle pour mettre en valeur le pinot noir, qui représente 90 % de son encépagement, exactement la même proportion que sur sa commune, dont il est le premier adjoint depuis 1989. Ses cuvées Tradition et surtout Réserve soulignent cet étonnant compromis tout agéen entre la puissance et la finesse, avec des saveurs confites et grillées, une ovalité généreuse en bouche. Le rosé, toujours régulier, est le pinot noir le plus « kirsché » de la gamme. Un délice coloré et explosif en saveur.
Les vins : à quoi reconnaît-on les vrais artisans du pinot noir ? Aux robes teintées de leurs champagnes, aux moirures dorées et rosées qui signifient que leurs vins n'ont pas été « retouchés », c'est à dire décolorés, rendus transparents artificiellement. Rien de tout cela chez les Cheval-Gatinois, dont les champagnes respirent le pinot à maturité. Une gamme de champagnes de table, d'apéritif dînatoire. Le brut, bien mûr, charnu, reste par sa fraîcheur finale dans la désaltérance attendue d'un champagne. Dans l'esprit maison, le rosé est coloré, sur des notes d'agrumes confits et de crumble.

A = moins de 20 € • B = de 20 à 40 € • C = de 40 à 70 € • D = de 70 à 100 € • E = de 100 à 150 € • F = plus de 150 € • nc = non communiqué

Pierre Gimonnet et Fils*
MARNE

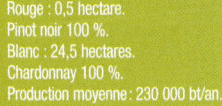

Rouge : 0,5 hectare.
Pinot noir 100 %.
Blanc : 24,5 hectares.
Chardonnay 100 %.
Production moyenne : 230 000 bt/an.

■ Brut Collection Vieilles Vignes Chardonnay 1999
Prix : D • blanc • 18
■ Brut Premier Cru Fleuron 2002
Prix : B • blanc • 16,5
■ Brut Premier Cru Spécial Club 2000. Prix : B • blanc • 16
■ Extra-Brut Premier Cru Œnophile 2000. Prix : B • blanc • 16

✉ Pierre Gimonnet et Fils
1, rue de la République, 51530 Cuis
☎ 03 26 59 78 70
FAX 03 26 59 79 84
@ info@champagne-gimonnet.com
SITE www.champagne-gimonnet.com
Dégustation uniquement du lundi au vendredi de 8 h 30 à 12 h et de 14 h 15 à 18 h, samedi matin sur rendez-vous
Olivier et Didier Gimonnet

Chez les récoltants champenois, la famille Gimonnet fait partie des précurseurs dans la vinification parcellaire et la recherche poussée de la minéralité du terroir. Dans cet exercice de haute voltige, l'origine du raisin est capitale. Toutes les cuvées sont issues de chardonnay (à l'exception du Paradoxe, composé de pinot noir) provenant exclusivement de la côte des Blancs : de Cuis, classé en premier cru, ou des deux grands crus Cramant et Chouilly. Un style rafraîchissant s'exprime dans tous les vins, avec une pureté et une nervosité exemplaires. Un domaine qui réjouit les amateurs de nuances.
Les vins : un excellent niveau de cave avec le Fleuron 2002, pur, floral et raffiné au nez, déjà ouvert comme beaucoup de 2002, tout en étant solidement constitué dans la finale minérale. Un chardonnay de mâche et de fraîcheur. Les 2000 sont aussi déjà bien expressifs, notamment l'extra-brut œnophile, aux délicates notes de sorbet au citron vert, portées par une texture vive, tranchante, qui tiendra sans faille une paire d'années. Il faut se précipiter pour décrocher quelques flacons de Collection Vieilles Vignes 1999 (uniquement en magnum), en état de grâce entre volume et fraîcheur, d'une harmonie évidente, délicieux dès aujourd'hui. Dans un millésime chaud, la cuvée gagne en fraîcheur du fait d'un plus grand contenant. Bravo.

▶ Choisir

Gosset*
MARNE

Blanc : 150 hectares en approvisionnement.
Chardonnay 100 %.
Prod. moyenne : 1 600 000 bt/an.

■ Extra-Brut Celebris Blanc de Blancs. Prix : E • blanc • 17
■ Extra-Brut Celebris Vintage 1998
Prix : E • blanc • 16
■ Brut Grand Millésime 1999
Prix : C • blanc • 14,5
■ Brut Grande Réserve
Prix : B • blanc • 12,5
■ Extra-Brut Celebris Rosé 2003
Prix : E • rosé • 16,5
■ Brut Grand Rosé
Prix : C • rosé • 15

✉ Gosset
69, rue Jules-Blondeau, BP 7,
51160 Aÿ
☎ 03 26 56 99 56
FAX 03 26 51 55 88
@ info@champagne-gosset.com
SITE www.champagne-gosset.com
Visites réservées aux professionnels sur rendez-vous
Groupe Renaud Cointreau

Très vieille et vénérable marque de champagne installée sur le village d'Aÿ, Gosset a construit sa réputation avec des cuvées puissantes, vineuses, issues pour l'essentiel de raisins noirs et commercialisées après un long vieillissement sur pointe. Notre enthousiasme s'est tempéré ces dernières années après plusieurs dégustations moyennes, mais une nouvelle série très brillante de champagnes extra-bruts peu dosés permet au domaine de maintenir son étoile.

Les vins : la puissance et la tendresse des vins de réserve se sentent davantage dans l'assemblage du Grande Réserve de cette année ; l'équilibre des millésimes sans doute. Le rosé redevient une couleur incontournable chez Gosset, avec un brut très cerise confite, à la rondeur crémeuse, délicieuse en bouche, et surtout avec le Celebris extra-brut 2003, qui joue les premiers de la classe en ce millésime caniculaire, si peu champenois, et pourtant ici d'une rigueur et d'une tenue rares sur de longs amers doux. Le Grand Millésime 1999 se montre évolué, un rien plus fané dans ses arômes que la moyenne de ses pairs de l'année, tandis que le Vintage extra-brut 1998 avance dans un style déjà patiné, sur des notes de rancio, en puissance et clairement destiné aux mets automnaux. Saluons enfin le Celebris blanc de Blancs extra-brut, suprême vin de crustacés, à la vibrante fraîcheur et à la minéralité remarquable.

Jean Lallement et Fils*
MARNE

Bon rapport qualité prix

Rouge : 3,6 hectares.
Pinot noir 100 %.
Blanc : 0,9 hectare.
Chardonnay 100 %.
Production moyenne : 20 000 bt/an.

■ Brut Réserve
Prix : A • blanc • 16
■ Brut Tradition Brut
Prix : A • blanc • 15
■ Brut
Prix : A • rosé • 16

✉ Jean Lallement et Fils
1, rue Moët-et-Chandon,
51360 Verzenay
☎ 03 26 49 43 52
FAX 03 26 49 44 98
@ alex.lallement@wanadoo.fr
Sur rendez-vous.
Jean-Luc et Alexandra Lallement

Sur la Montagne de Reims, face nord, Verzenay fait la part belle au pinot noir (à 85 %), qui lui vaut un classement en grand cru. Les vins (et ceux des crus voisins Mailly et Verzy) symbolisent le meilleur de la Champagne d'autrefois, celle des raisins appréciés pour leurs qualités aromatiques (la finesse du pinot exposé nord-est), leur puissance mais aussi leur fermeté que l'on devait - que l'on savait - attendre plusieurs années. Des pinots noirs puissants, terriens, plus rustiques qu'à Ambonnay ou Aÿ. Jean-Luc Lallement et son épouse produisent, avec leur quatre hectares essentiellement sur Verzenay, des champagnes pleins et corsés, des champagnes de vignerons artisans. Ils ne pratiquent ni le levurage pour la première fermentation, ni la réfrigération, ni la filtration. Et nous apprécions particulièrement les dosages très mesurés (6 g/l pour le Tradition, 4 g/l pour le Réserve).

Les vins : le brut Tradition donne au premier nez la dimension mature et terrienne des vins de Verzenay. Sa bouche est charnue et fraîche. La cuvée Réserve (sur une base de 2004) gagne en crémeux, en tension et en élégance, alors que le rosé croque en bouche, très typé pinot et bien mûr en finale.

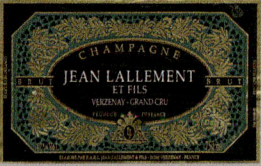

A = moins de 20 € • B = de 20 à 40 € • C = de 40 à 70 € • D = de 70 à 100 € • E = de 100 à 150 € • F = plus de 150 € • nc = non communiqué

Laurent-Perrier*
MARNE

Vignobles : 1 400 hectares d'appovisionnement (groupe).
Production moyenne : 9 000 000 bt/an.

■ Brut Grand Siècle
Prix : F • blanc • 17,5
■ Brut 1999
Prix : C • blanc • 14
■ Ultra-Brut
Prix : C • blanc • 13,5
■ Brut LP
Prix : B • blanc • 12
■ Brut Rosé Alexandra 1998
Prix : F • rosé • 18,5
■ Brut Cuvée Rosé
Prix : D • rosé • 15

✉ Laurent-Perrier
32, avenue de Champagne,
51150 Tours-sur-Marne
☎ 03 26 58 91 22
FAX 03 26 58 77 29
SITE www.laurent-perrier.com
Sur rendez-vous
Famille Bernard de Nonancourt

Cette maison s'est spécialisée dans une gamme très typée chardonnay (près de la moitié des approvisionnements), aromatique et fine, qui est pour beaucoup dans le succès mondial du champagne apéritif. Ses particularités célèbres sont la cuvée de prestige Grand Siècle (non millésimée sauf en 1985, 1990, 1995 et 1996 pour le marché anglo-saxon), l'ultra-brut, précurseur des champagnes secs à faible dosage idéal, créé en 1976 pour accompagner les huîtres, ou encore le rare rosé Alexandra.
Les vins : la cuvée brut LP (50 % chardonnay) s'est agréablement dégustée dans un style simple et fruité. Nous avons également retrouvé la finesse citronnée et les notes légères de rancio des vins de réserve dans l'ultra-brut (base de 2002). On gagne en excellence avec le précis brut rosé, qui tient en bouche, frais de chair, sur des notes de fraises au sucre. Le Grand Siècle (55 % chardonnay) revient à son meilleur niveau dans le dernier assemblage : fin et savoureux, doté d'une excellente trame minérale. Désormais apothéose de la gamme Laurent-Perrier, le rosé Alexandra 1998 est un immense pinot à l'esprit oriental dans sa palette d'agrumes confits, d'épices suaves et de roses séchées.

▶ Choisir

Lilbert-Fils*
MARNE

Blanc : 4 hectares.
Chardonnay 100 %.
Production moyenne : 30 000 bt/an.

■ Brut Grand Cru Blanc de Blancs Cramant Vieilles Vignes 2002
Prix : B • blanc • 17
■ Brut Grand Cru Blanc de Blancs Perle
Prix : B • blanc • 15,5
■ Brut Grand Cru Blanc de Blancs Cramant
Prix : A • blanc • 14

✉ Lilbert-Fils
223, rue du Moutier, BP 14, 51530 Cramant
☎ 03 26 57 50 16
FAX 03 26 58 93 86
@ info@champagne-lilbert.com
SITE www.champagne-lilbert.com
🕐 Du lundi au samedi de 10 h à 12 h et de 14 h à 18 h sur rendez-vous
👤 Bertrand Lilbert

La famille ne badine pas avec ses origines : « Vignerons à Cramant depuis 1746 ! » répondent en chœur Georges, le père, et son fils, Bertrand, qui a repris officiellement le domaine en 2003, après des études et cinq années de conseil en œnologie. Leurs cuvées de chardonnay (assemblage très heureux de Chouilly et de Cramant pour le non millésimé, et souvent issu uniquement de Cramant pour le millésimé) sont renommées de longue date, dans un style ferme, et même parfois austère dans leur jeunesse, mais d'excellente garde. Rançon du succès de la Champagne d'aujourd'hui, même dans les bons domaines comme Lilbert, la durée de mise en cave du brut a été réduite.

Les vins : le brut grand cru s'ouvre dans le verre avec éclat, sur des notes florales ; la bouche est fine et adroitement dosée. Le Perle, assemblage de 2004 et de 2005, est jeune, trop jeune, sur des notes prononcées de réduction. Il faut le réserver en cave pendant deux ans. Le Cramant 2002, de plus grande garde que le 2000, est aussi un rien austère mais avec une immense droiture et un bel équilibre dans une bouche précise, longue, fine et saline, qui le rend déjà passionnant aujourd'hui. Passer les vins en carafe avant le service.

Pierre Moncuit*
MARNE

Blanc : 19 hectares.
Chardonnay 100 %.
Production moyenne : 180 000 bt/an.

■ Brut Grand Cru Blanc de Blancs 1999. Prix : B • blanc • 16
■ Brut Grand Cru Blanc de Blancs 2000. Prix : B • blanc • 15,5
■ Brut Grand Cru Blanc de Blancs Pierre Moncuit-Delos
Prix : A • blanc • 15
■ Brut Blanc de Blancs Hugues de Coulmet. Prix : A • blanc • 13,5

✉ Pierre Moncuit
11, rue Persault-Maheu, 51190 Le Mesnil-sur-Oger
☎ 03 26 57 52 65
FAX 03 26 57 97 89
@ contact@pierre-moncuit.fr
SITE www.pierre-moncuit.fr
🕐 Du lundi au vendredi de 9 h à 12 h et de 14 h à 18 h, le samedi de 10 h 30 à 12 h 30 et de 14 h 30 à 18 h
👤 Nicole et Yves Moncuit

Nicole Moncuit est une des rares vinificatrices de Champagne. Elle écrit depuis plus de vingt ans les plus belles pages du grand cru Mesnil-sur-Oger, dans un style personnel (initié par son père), qui allie la précision du fruit et une souplesse remarquable pour des vins du Mesnil. Le domaine familial dispose d'un capital de vieilles vignes (plus de 50 ans), que l'on retrouve dans la légendaire et confidentielle cuvée Nicole Moncuit, dont les inimitables arômes de noisette grillée marquent à jamais la mémoire de tout dégustateur. Ces vignes ne produisent que 8 000 à 9 000 kg/ha, soit moitié moins que la moyenne champenoise. Une partie de la gamme baptisée Hugues de Coulmet provient de vignes du Sézannais.

Les vins : de nouveaux habillages sobres ornent la gamme, qui débute avec un Hugues de Coulmet coulant, digeste, très « Moncuit » dans la finesse de bulles, sans posséder le caractère des sélections du Mesnil, comme c'est le cas du brut. Mais ce dernier est issu d'un assemblage bien jeune, aux amers toujours présents. Le rosé est expressif, sans lourdeur, frais et apéritif. Le blanc de Blancs 2000 confirme l'intensité moyenne et la précocité du millésime. Il faut le boire dès aujourd'hui. Le 1999 est vineux, évolué, sans grande élégance. La transition est difficile avec les derniers 1995 et 1996, millésimes de référence de la maison.

12 DOMAINES valeurs sûres

Joseph Perrier*
MARNE

Rouge : 19 hectares.
Pinot meunier 57 %, pinot noir 43 %.
Blanc : 2 hectares.
Chardonnay 100 %.
Production moyenne : 800 000 bt/an.

- Brut Joséphine 2002
Prix : E • blanc • 17
- Brut Joséphine 1998
Prix : E • blanc • 16,5
- Brut Royale 1999
Prix : B • blanc • 16,5
- Brut Royale Blanc de Blancs
Prix : B • blanc • 15
- Brut Royale
Prix : B • blanc • 14
- Brut Royale Rosé
Prix : B • rosé • 14

✉ Joseph Perrier
69, avenue de Paris, BP 31,
51016 Châlons-en-Champagne
☎ 03 26 68 29 51
FAX 03 26 70 57 16
@ contact@josephperrier.fr
SITE www.josephperrier.fr
Du lundi au vendredi de 9 h à 11 h et de 14 h à 16 h, sur rdv
Groupe Thienot

Cette maison possède un vignoble d'une vingtaine d'hectares de grande origine. Sur Cumières, Hautvillers et Damery, les pinots du domaine, majoritaires, expriment leur maturité, et les chardonnay, une minéralité et une puissance originales. Les vins bénéficient, avant leur commercialisation, d'un précieux vieillissement en cave.
Les vins : la gamme se pare de nouveaux habillages chic et lisibles. Le brut Royale revient à son meilleur niveau parmi l'élite des bruts sans année, avec cette palette aromatique très citronnée si personnelle, ainsi qu'une fine vivacité dans sa finale. La version blanc de Blancs offre une excellente maturité, qui se traduit dans une bouche douce et fringante, toujours d'une rare minéralité saline. Depuis l'an passé, le 1999 confirme la force et la vinosité du millésime. C'est un champagne précoce, d'assiette automnale plus que de verrine printanière. Le rosé, de caractère, est dominé par des notes acidulées encore un peu jeunes. Aux bulles toujours graciles, la cuvée Joséphine s'appuie davantage en 1998 sur la vinosité et les notes épicées du pinot noir (56 % chardonnay, 44 % pinot noir) que l'aérien et racé 2002 (60 % chardonnay).

A = moins de 20 € • B = de 20 à 40 € • C = de 40 à 70 € • D = de 70 à 100 € • E = de 100 à 150 € • F = plus de 150 € • nc = non communiqué

Philipponnat*
MARNE

Rouge : 14,5 hectares et achat de raisin.
Pinot noir 82 %, pinot meunier 18 %.
Blanc : 2 hectares et achat de raisin.
Chardonnay 100 %.
Production moyenne : 650 000 bt/an.

- Brut Clos des Goisses 1998
Prix : E • blanc • 17,5
- Sec Sublime Réserve 1996
Prix : C • blanc • 16,5
- Extra-Brut Grand Cru 1522
Millésimé 2000
Prix : C • blanc • 15

✉ Philipponnat
13, rue du Pont,
51160 Mareuil-sur-Aÿ
☎ 03 26 56 93 00
FAX 03 26 56 93 18
@ info@champagnephilipponnat.com
SITE www.champagnephilipponnat.com
Sur rendez-vous
Groupe Boizel Chanoine

Si Philipponnat a décroché son étoile l'an passé, c'est bien sûr pour la personnalité suivie de son Clos des Goisses, le plus vaste des clos champenois, avec 5,5 hectares en pente abrupte exposée plein sud, à Mareuil, le long de la route qui mène à Aÿ. Caractérisée par une forte proportion de pinot noir, sa verticale sur les vingt dernières années ne montre aucune faiblesse, dans un style puissant et baroque. Cette distinction récompense également les progrès enregistrés dans les bruts sans année (blanc et rosé), d'expression assez vineuse mais toujours digeste, ainsi que la bonne gestion des derniers millésimés.
Les vins : le 1522 grand cru 2000 est riche, entier, mais sans lourdeur, avec une finale qui fait saliver comme tout bon vin blanc minéral qui se respecte. Le Clos des Goisses 1998 affiche dès le premier nez sa forte personnalité, par une oxydation fraîche, des notes douces de fruits secs et de champignon tout juste émincé. En bouche, c'est un grand blanc de Noirs (70 % pinot noir) qui s'exprime avec générosité, mais non sans finesse en finale (fermentation malolactique bloquée). Sublime, le sec Réserve 1996 est un très bon vin d'accord, du fait de son registre sur le pain d'épices, la cassonade et le sucre fin. Un excellent champagne doux.

▶ Choisir

Barnaut*
MARNE

Rouge : 4 hectares.
Pinot noir 93 %, pinot meunier 7 %.
Blanc : 11 hectares.
Chardonnay 100 %.
Production moyenne : 120 000 bt/an.

Une des adresses les plus fiables du village de Bouzy, particulièrement dans les cuvées de pinot noir (blanc et rosé) et les millésimés. Philippe Secondé donne à ces champagnes toute la vinosité et la puissance d'expression attendues des terroirs de son village. La proportion de chardonnay augmente dans le plus conventionnel brut Grande Réserve.

Les vins : l'étoile est toujours accordée mais nous soulignons le déficit de saveurs et de fond cette année. La gamme demeure bien faite mais dans un registre assez technique, surtout en rosé et en Sélection grand cru. Belle expression de la vinosité mature des grands noirs, le masculin et typé Bouzy 1999 arrive tranquillement à son apogée.

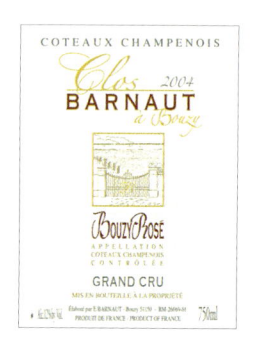

- Brut Grand Cru 1999
  Prix : B • blanc • 17
- Brut Grand Cru Grande Réserve
  Prix : A • blanc • 16
- Extra-Brut Grand Cru Sélection
  Prix : A • blanc • 15,5
- Brut Grand Cru Blanc de Noirs
  Prix : A • blanc • 15

✉ Barnaut
2, rue Gambetta, BP 19,
51150 Bouzy
☎ 03 26 57 01 54
FAX 03 26 57 09 97
@ contact@champagne-barnaut.fr
SITE www.champagne-barnaut.com
Dégustation uniquement du lundi au samedi de 9 h 30 à 12 h et de 14 h à 17 h
Sur rendez-vous en janvier
Philippe Secondé

Bon rapport qualité prix

Ci-contre : Aÿ, vignoble.

A = moins de 20 € • B = de 20 à 40 € • C = de 40 à 70 € • D = de 70 à 100 € • E = de 100 à 150 € • F = plus de 150 € • nc = non communiqué

Delamotte
MARNE

Rouge : achat de raisin.
Pinot noir 60 %, pinot meunier 40 %.
Blanc : 5 hectares et achat de raisin.
Chardonnay 100 %.
Production moyenne : 600 000 bt/an.

Située au Mesnil-sur-Oger, en pleine côte des Blancs, Delamotte est une très ancienne maison, fondée en 1760 et acquise par Laurent-Perrier en 1989. Elle est dirigée par le même jeune directeur que le champagne Salon. Delamotte est un spécialiste du chardonnay, avec des vins traditionnellement floraux et purs. Nous avons constaté depuis deux ans un dosage plus appuyé, qui pallie une perte de finesse et de saveur dans le brut et le brut blanc de Blancs.

Les vins : les millésimes « chauds » entrent en scène dans un brut tout en souplesse et en rondeur mais pas d'une grande finesse. Même son de cloche dans la flûte du brut blanc de Blancs qui, tout en étant sans défaut, ne dépasse pas l'ambition d'une expression variétale du chardonnay. Le 1999 est pour sa part dans la lignée de la grande élégance construite que nous connaissons et adorons chez Delamotte, même dans un millésime de haute maturité.

- Brut Blanc de Blancs 1999
  Prix : C • blanc • 16,5
- Brut Blanc de Blancs
  Prix : C • blanc • 14
- Brut
  Prix : B • blanc • 13
- Brut Rosé
  Prix : C • rosé • 13

✉ Delamotte
7, rue de la Brèche-d'Oger,
51190 Le Mesnil-sur-Oger
☎ 03 26 57 51 65
FAX 03 26 57 79 29
@ champagne@salondelamotte.com
SITE www.salondelamotte.com
De 8 h à 11 h et de 14 h à 17 h sur rendez-vous uniquement
Groupe Laurent-Perrier

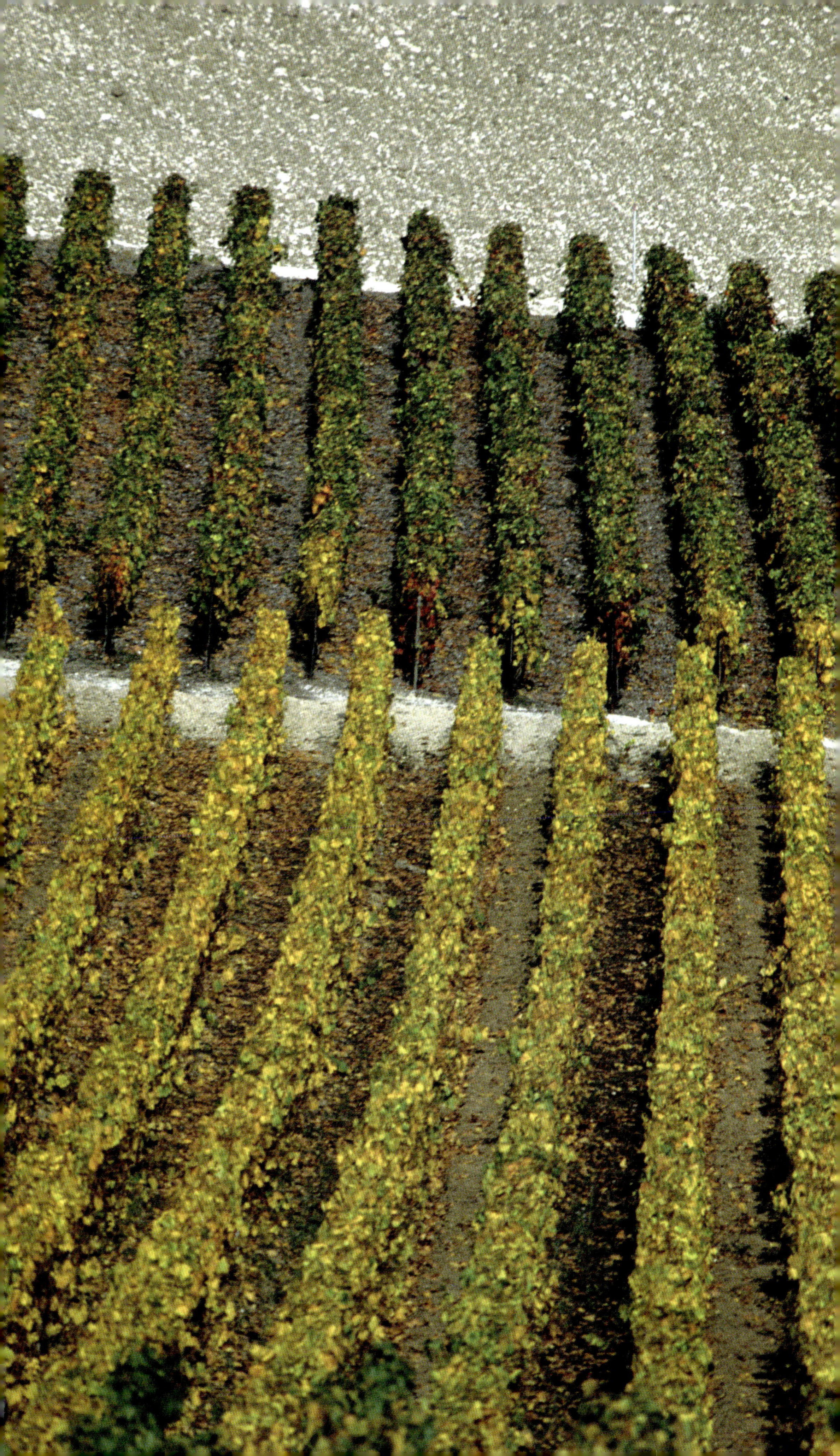

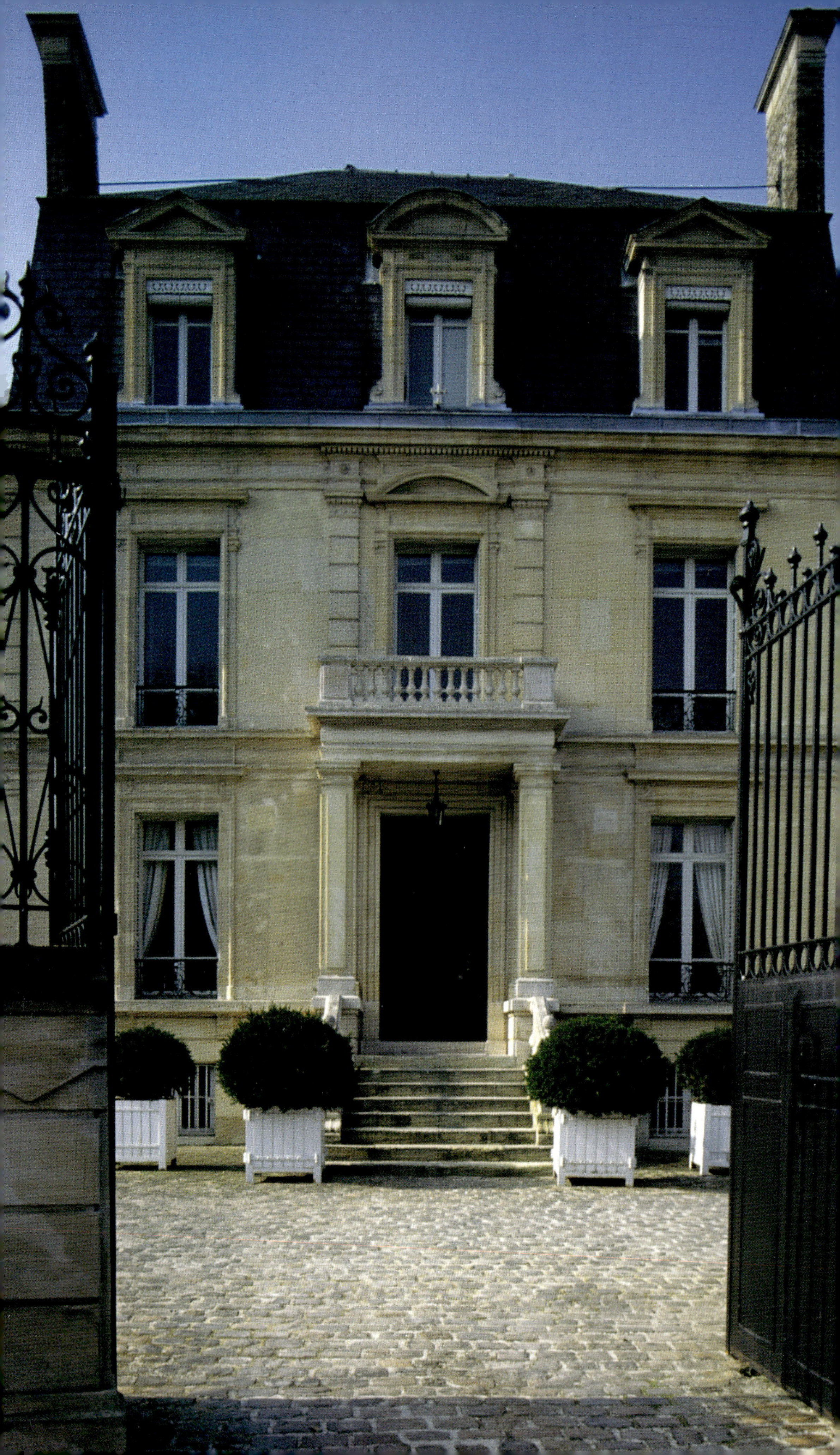

12 DOMAINES pour **grandes occasions**

Billecart-Salmon**

MARNE

Rouge : 6,3 hectares et achat de raisin. Pinot noir et meunier 100 %.
Blanc : 4,25 hectares et achat de raisin.
Chardonnay 100 %.
Production moyenne : 1 800 000 bt/an.

■ Brut Clos Saint-Hilaire 1996
Prix : F • blanc • 18,5
■ Brut Grande Cuvée 1996
Prix : F • blanc • 18,5
■ Brut Blanc de Blancs 1998
Prix : D • blanc • 17
■ Brut Nicolas François Billecart 2000
Prix : nc • blanc • 16,5
■ Brut Nicolas François Billecart 1998
Prix : D • blanc • 16,5
■ Brut Elisabeth Salmon 1998
Prix : E • rosé • 17,5

✉ Billecart-Salmon
40, rue Carnot,
51160 Mareuil-sur-Aÿ
☎ 03 26 52 60 22
FAX 03 26 52 64 88
@ billecart@champagne-billecart.fr
SITE www.champagne-billecart.fr
🚪 Sur rendez-vous. Du lundi au jeudi toute la journée et le vendredi matin
† Famille Roland-Billecart.

La maison, implantée à Mareuil-sur-Aÿ depuis le XVIIe siècle, a connu un fort développement ces vingt dernières années. En matière de vinification, les idées sont très précises, comme la volonté de mettre en avant la finesse et la délicatesse (débourbage et fermentation à basse température). Une partie de la récolte est vinifiée en fûts bourguignons. Les grandes cuvées demeurent au plus haut niveau grâce notamment au rare Clos Saint-Hilaire – petite vigne de pinot noir de 44 ans, en bas de coteaux à Mareuil, exposée à l'est (alors que le Clos des Goisses est au sud) – vinifié en fûts à 100 %.
Les vins : Le brut est toujours à son meilleur niveau : crémeux, délicat et charmeur en bouche. Les 1998 ont évolué depuis l'an passé ; ils se sont arrondis et ont perdu de leur tension, notamment le Nicolas François Billecart. Cette pointe d'évolution donne des rondeurs au blanc de Blancs, avec un nez de verveine et de miel, et une suavité fraîche en bouche. Les 1996 continuent leur montée en puissance avec un magnifique Grande Cuvée, magistral de profondeur, d'une intensité à la haute fraîcheur préservée. Quant au Clos Saint-Hilaire, il donne aux grandes cuvées parcellaires toute leur noblesse : un champagne encore dans l'introversion, qui s'ouvre crescendo, mais déjà d'une longueur de bouche phénoménale, affirmant ainsi une dimension racinaire, identitaire, terrienne unique dans toute la gamme.

A = moins de 20 € • B = de 20 à 40 € • C = de 40 à 70 € • D = de 70 à 100 € • E = de 100 à 150 € • F = plus de 150 € • nc = non communiqué

Charles Heidsieck**

MARNE

Rouge : 65 hectares et achat de raisin.
Pinot noir 83 %, pinot meunier 17 %.
Blanc : achat de raisin.
Chardonnay 100 %.
Prod. moyenne : 2 000 000 bt/an.

■ Charlie 1985
Prix : E • blanc • 19.5
■ Brut Blanc de Blancs Blanc des Millénaires 1995
Prix : E • blanc • 19
■ Brut Réserve 1
Prix : B • blanc • 15
■ Rosé Millésimé 1999
Prix : D • rosé • 16

✉ Charles Heidsieck
12, allée du Vignoble,
51100 Reims
☎ 03 26 84 43 50
FAX 03 26 84 43 99
SITE www.charlesheidsieck.com
🚪 Pas de visites
† Rémy Cointreau.

Charles Heidsieck propose toujours une cuvée de brut sans année avec, sur l'étiquette, la date de mise en cave ; l'indication du temps de vieillissement en bouteille, avant le dégorgement et la mise en vente, permet de juger et d'apprécier les effets de la maturité. Le fleuron de la gamme demeure le millésimé Blanc des Millénaires, qui brille par son énergie et le raffinement de ses bulles.
Les vins : au risque de nous répéter, une fois encore, deux des plus grands champagnes que nous ayons dégustés cette année pour ce guide sont élaborés par cette maison terriblement méconnue. Le champagne Charlie 1985 est un immense vin (toutes catégories confondues), que nous situons au niveau d'un chevalier-montrachet par la complexité et la race des saveurs. Son oxydation grillée et crémeuse, sa puissance encore vive, conviennent divinement aux risotti aux truffes. Le Blanc des Millénaires 1995 s'ouvre avec race et panache (alors que la majorité des 1995 avance vers la sortie) ; c'est l'un des cinq plus grands blancs de Blancs actuels de la Champagne, grandiose aujourd'hui et certainement encore dans dix ans.

Ci-contre : Reims, maison Charles Heidsieck.

▶ **Choisir**

Deutz**
MARNE

Rouge : 29,44 ha et achat de raisin.
Pinot noir 65 %, pinot meunier 35 %.
Blanc : 12,56 hectares et achat de raisin.
Chardonnay 100 %.
Prod. moyenne : 1 750 000 bt/an.

■ Brut Amour de Deutz Blanc de Blancs 1999
Prix : E • blanc • 17,5
■ Brut William Deutz 1998
Prix : E • blanc • 17,5
■ Blanc de Blancs 2002
Prix : C • blanc • 17
■ Brut Millésime 2002
Prix : C • blanc • 14
■ Brut William Deutz Rosé 1999
Prix : E • rosé • 17,5

✉ Deutz, 16, rue Jeanson, BP 9, 51160 Aÿ
☎ 03 26 56 94 00
FAX 03 26 56 94 10
@ france@champagne-deutz.com
SITE www.champagne-deutz.com
⌂ Sur invitation et professionnel uniquement
♦ Champagne Louis Roederer

Cette vénérable maison est située à Aÿ, village réputé pour ses pinots noirs. Deutz colle à son terroir pour produire des vins harmonieux et droits, pleins et déliés, sans artifice, aux bulles toujours très fines. Traditionnellement axée sur les raisins noirs, la maison se fait désormais une spécialité de réussir de très beaux blancs de Blancs, en particulier le brillantissime Amour de Deutz. Quant à son brut sans année, c'est un des plus beaux bruts de grandes maisons, qui a su conserver le style singulier des vins de réserve.

Les vins : le brut Classic, dont le format de bouteille a changé pour emprunter celui – plus évasé – de la cuvée William, nous a une fois encore enchantés par sa finesse, sa subtilité et l'harmonie de ses saveurs : un des très rares bruts de grandes maisons, qui ne triche pas en masquant l'absence de vin de réserve par le dosage. Nous sommes impressionnés par le William Deutz 1998, avec de légères notes d'évolution liées au pinot meunier (la signature de cette grande cuvée, tout comme pour la Grande Cuvée de Krug) ; un champagne vineux, savoureux, dont le fruit moelleux et complexe s'exprime tout en longueur. Enfin le William Deutz rosé 1998 affiche du volume, de la concentration et toujours cette rigueur chic qui permet aux grands champagnes de magnifier la table.

Henriot**
MARNE

Vignobles : 25 hectares et achat de raisin.
Production moyenne : 1 000 000 bt/an.

■ Cuvée des Enchanteleurs 1995
Prix : E • blanc • 19
■ Brut 1996
Prix : B • blanc • 16
■ Brut Blanc de Blancs Souverain
Prix : B • blanc • 16
■ Brut 2000
Prix : B • blanc • 15
■ Brut Souverain
Prix : B • blanc • 14,5
■ Brut
Prix : B • rosé • 15,5

✉ Henriot
81, rue Coquebert, 51100 Reims
☎ 03 26 89 53 00
FAX 03 26 89 53 10
@ contact@champagne-henriot.com
SITE www.champagne-henriot.com
⌂ Pas de visites.
♦ Famille Henriot

La maison Henriot s'est fait une spécialité des champagnes droits, fins et « apéritif », dominés par le chardonnay. La régularité, le niveau de précision des saveurs et la race générale de la gamme forcent l'admiration. La maturité et la force de caractère des vins de base et des vins de réserve permettent ici des dosages sages. Dans chaque cuvée, y compris dans le brut Souverain, on sent la volonté de donner au vin un sens, une expression qui se moquent des raccourcis et des facilités, tout en convergeant vers une suprême séduction.

Les vins : cette année, insistons sur la beauté méconnue du blanc de Blancs Souverain, somptueux champagne d'apéritif, du niveau des « grandes cuvées » de bien des maisons, tout en restant abordable. Année assez simple comparée aux derniers grands millésimes, le 2000 est souple, accort et distendu. Des notes oxydatives de rancio occupent la bouche et dessinent les limites et les rides du millésime 1996. Cette cuvée gagne cependant à être attendue dans le verre car sa fraîcheur progresse en s'aérant. Au sommet de la production mondiale des vins effervescents, Les Enchanteleurs 1995 est l'archétype du champagne crémeux, aérien, brioché, qui n'en finit pas de se révéler en bouche dans une texture de dentelle, ample et charnelle. Le bonheur à son apogée.

12 DOMAINES pour **grandes occasions**

Jacquesson**
MARNE

Rouge : 19 hectares.
Pinot meunier 50 %, pinot noir 50 %.
Blanc : 12,5 hectares.
Chardonnay 100 %.
Production moyenne : 350 000 bt/an.

- Grand Cru Avize 2000
Prix : C • blanc • 18
- Brut 1997
Prix : D • blanc • 17,5
- Cuvée N° 732
Prix : B • blanc • 15,5
- Dizy Terres Rouges 2003
Prix : C • rosé • 16

✉ Jacquesson
68, rue du Colonel-Fabien,
51530 Dizy
☎ 03 26 55 68 11
FAX 03 26 51 06 25
@ info@champagnejacquesson.com
SITE www.champagnejacquesson.com
🕒 Du lundi au vendredi matin de 8 h à 12 h et de 13 h 30 à 17 h 30. Sur rendez-vous
👤 Jean-Hervé et Laurent Chiquet

La maison s'appuie sur un beau vignoble d'une trentaine d'hectares situés à Avize, Aÿ, Dizy et Hautvillers, mais aussi sur des approvisionnements réguliers dans ces mêmes secteurs prestigieux. Les vinifications en foudres de chêne sur lies sont maintenues, le dosage est faible ou absent, comme les filtrations, et ici, on précise sur les étiquettes le nombre exact de bouteilles produites pour chaque cuvée, ainsi que les dates de tirage. Le nom du brut non millésimé est un numéro (730, 731, etc.) qui change à chaque nouveau tirage ; cette cuvée s'appuie sur les caractéristiques de l'année de base, avec une moitié de chardonnay et deux quarts de pinots noir et meunier (grand cru et premier cru de la vallée de la Marne).

Les vins : le brut 732 (majorité de 2004) a pris des touches épicées depuis l'an passé et davantage d'espace en bouche, relevé dans sa finale par les notes confites du pinot qui a connu un élevage finement oxydatif. On retrouve cette pointe d'oxydation complexe dans un splendide Avize grand cru 2000 profond, intense. Le 1997 prend ici toute sa dimension, dans un style plein, accompli, serein. Il n'a pas la persistance du 1996, mais une plénitude que l'on savourera dès cet hiver. Enfin, le Dizy rosé Terres Rouges, avec sa robe très colorée de clairet, n'est pas à classer dans la catégorie « rosés de piscine ». Sa bouche entière, intense, de longueur moyenne, aux saveurs de clafoutis et de griottes à l'eau-de-vie, le dédie à la table.

A = moins de 20 € • B = de 20 à 40 € • C = de 40 à 70 € • D = de 70 à 100 € • E = de 100 à 150 € • F = plus de 150 € • nc = non communiqué

Larmandier-Bernier**
MARNE

Rouge : 2 hectares.
Pinot noir 100 %.
Blanc : 13 hectares.
Chardonnay 100 %.
Production moyenne : 120 000 bt/an.

- Premier Cru Terre de Vertus
Prix : B • blanc • 17
- Brut Premier Cru Blanc de Blancs
Prix : B • blanc • 16,5
- Brut Premier Cru Tradition
Prix : B • blanc • 14
- Brut Premier Cru Rosé de Saignée
Prix : B • rosé • 16

✉ Larmandier-Bernier
19, avenue Général-de-Gaulle,
51130 Vertus
☎ 03 26 52 13 24
FAX 03 26 52 21 00
@ champagne@larmandier.fr
SITE www.larmandier.com
🕒 Du lundi au samedi sur rendez-vous
👤 Pierre et Sophie Larmandier

Pierre et Sophie Larmandier affichent fièrement leur appartenance au village du sud de la côte des Blancs avec leur champagne majeur « Terre de Vertus ». Une revendication légitime car ils valorisent leur terroir par un travail complet du sol et des traitements biodynamiques. Pierre Larmandier s'est installé à Vertus en étendant le vignoble familial en 2002, agrandissant et modernisant dans la foulée la cave familiale, ce qui lui permet de vinifier une vendange de 16 hectares, dont 3,5 en grand cru. Il y a dans ses champagnes une intensité de goût et une puissance de saveurs rares. Des vins déjà remarquables, exemplaires même, appelés à progresser grâce au prolongement du vieillissement en cave, qui se sentira vraiment en bouteille d'ici quatre à cinq ans.

Les vins : on salue leur franchise d'arômes et de goût qui fait honneur à leur terroir, tout en regrettant une commercialisation trop hâtive de vins qui demandent encore à s'affiner en cave. Avec son oxydation fine, ses notes de fruits secs et sa bouche de rancio, le Tradition fait penser à l'école Selosse. On change de style avec le blanc de Blancs extra-brut, grillé, subtil, intense, à la texture crémeuse, soutenu par les sucres aériens d'un raisin champenois mature. Un splendide bouquet de fraîcheur pour l'apéritif. Le Terre de Vertus premier cru est encore plus entier, terrien mais toujours doté de cette bouche crémeuse, très fine en bulles, tenue en longueur par cette phénoménale maturité.

▶ **C**hoisir

Pol Roger**
MARNE

Rouge : 95 hectares.
Pinot meunier 55 %, pinot noir 45 %.
Blanc : 90 hectares.
Chardonnay 100 %.
Prod. moyenne : 1 500 000 bt/an.

- Brut Sir Winston Churchill 1998
  Prix : E • blanc • 18,5
- Brut Blanc de Blancs 1999
  Prix : C • blanc • 17
- Brut 1999
  Prix : C • blanc • 16,5
- Brut Pure
  Prix : C • blanc • 16
- Demi-Sec Rich
  Prix : B • blanc • 15
- Brut 2000
  Prix : C • rosé • 17

✉ Pol Roger
1, rue Henri-le-Large, BP 199,
51206 Epernay Cedex
☎ 03 26 59 58 00
FAX 03 26 55 25 70
@ polroger@polroger.fr
SITE www.polroger.com
⚠ Réservé aux professionnels
† Famille Pol Roger

Il est réjouissant de constater à quel point Pol Roger a retrouvé le style et la générosité des vins qui ont fait sa gloire dans les années cinquante et soixante, avec des cuvées comme Sir Winston Churchill, du pinot noir issu de grands crus pour l'essentiel, ou comme la cuvée blanc de Blancs millésimée, parangon des champagnes vifs et racés qui vieillissent remarquablement.
Les vins : le brut Réserve, à la mousse fine, active et crémeuse, tient en bouche grâce à de magnifiques vins de réserve. La sucrosité fraîche, bien intégrée à la matière, fait du Rich, champagne doux, la cuvée la plus harmonieuse de la maison. Le Pure, nouvelle cuvée non dosée, capte l'attention par sa vivacité et sa subtilité aromatique. Le brut 1999 exprime intensément la richesse solaire du millésime dans son attaque, tout en regagnant en tension dans une finale ferme, qui métallise légèrement. Cette même année, en blanc de Blancs, produit un champagne plus enjôleur, dont la suavité aimable (qui contraste avec le 1998) s'apprécie dès aujourd'hui. On retrouvera davantage la concentration retenue dans le très beau rosé 2000, savoureux et dense. La cuvée Winston Churchill 1998 est très expressive : fruits secs, champignon séché, miel frais. Le 1998 écrit une nouvelle page de cette cuvée mythique dans un style ample, moiré, baroque. Un grand cru de repas, tout en finesse.

Ci-contre, en haut : Aÿ, la maison Deutz.
en bas : Reims, Taittinger.

A = moins de 20 € • **B** = de 20 à 40 € • **C** = de 40 à 70 € • **D** = de 70 à 100 € • **E** = de 100 à 150 € • **F** = plus de 150 € • **nc** = non communiqué

Louis Roederer**
MARNE

Rouge : 135 hectares et achat de raisin. Pinot noir et meunier 100 %.
Blanc : 79 hectares et achat de raisin. Chardonnay 100 %.
Prod. moyenne : 3 000 000 bt/an.

- Brut Cristal 2000
  Prix : F • blanc • 18
- Brut 2002
  Prix : C • blanc • 17
- Brut Premier
  Prix : B • blanc • 14
- Brut 2002
  Prix : C • rosé • 16

✉ Louis Roederer
21, boulevard Lundy,
51100 Reims.
☎ 03 26 40 42 11
FAX 03 26 47 66 51
@ com@champagne-roederer.com
SITE www.champagne-roederer.com
⚠ Du lundi au vendredi de 9 h à 12 et de 14 h à 17 h, sur rendez-vous et sur recommandation
† Famille Rouzaud

La maison Roederer s'appuie sur un vignoble propre de 200 hectares, très bien situé, avec une forte proportion de vignes classées en grand cru (70 %) et astucieusement réparties entre la Montagne de Reims, la vallée de la Marne et la côte des Blancs. La famille Rouzaud conserve ainsi une maîtrise à peu près totale de ses approvisionnements, comme un grand restaurateur qui ne cuisine qu'avec les produits de sa ferme. Ce précieux trésor de guerre, ce lien direct avec la terre champenoise expliquent la régularité des vins (vieillis en foudres de chêne) et leur style droit, franc, entier, parfois sans concession. Loin en réalité de l'image « paillettes et show business » projetée par le monde de la nuit sur la cuvée Cristal, cette dernière est un grand champagne de bouche plus que de nez, qui mérite d'être gardé deux, trois ans après sa sortie de cave.
Les vins : la maturité, l'énergie, l'élégance sont au rendez-vous du magnifique brut 2002, dont la richesse fait quelque peu de l'ombre au rosé, fort bien élaboré mais plus rigide dans le même millésime. Nous retrouvons avec beaucoup de plaisir le Cristal 2000, d'autant plus qu'il a pris une douce patine depuis l'an passé, ce qui lui donne davantage de contenu en bouche et une finale toujours très persistante. Le meilleur 2000 aujourd'hui sur le marché.

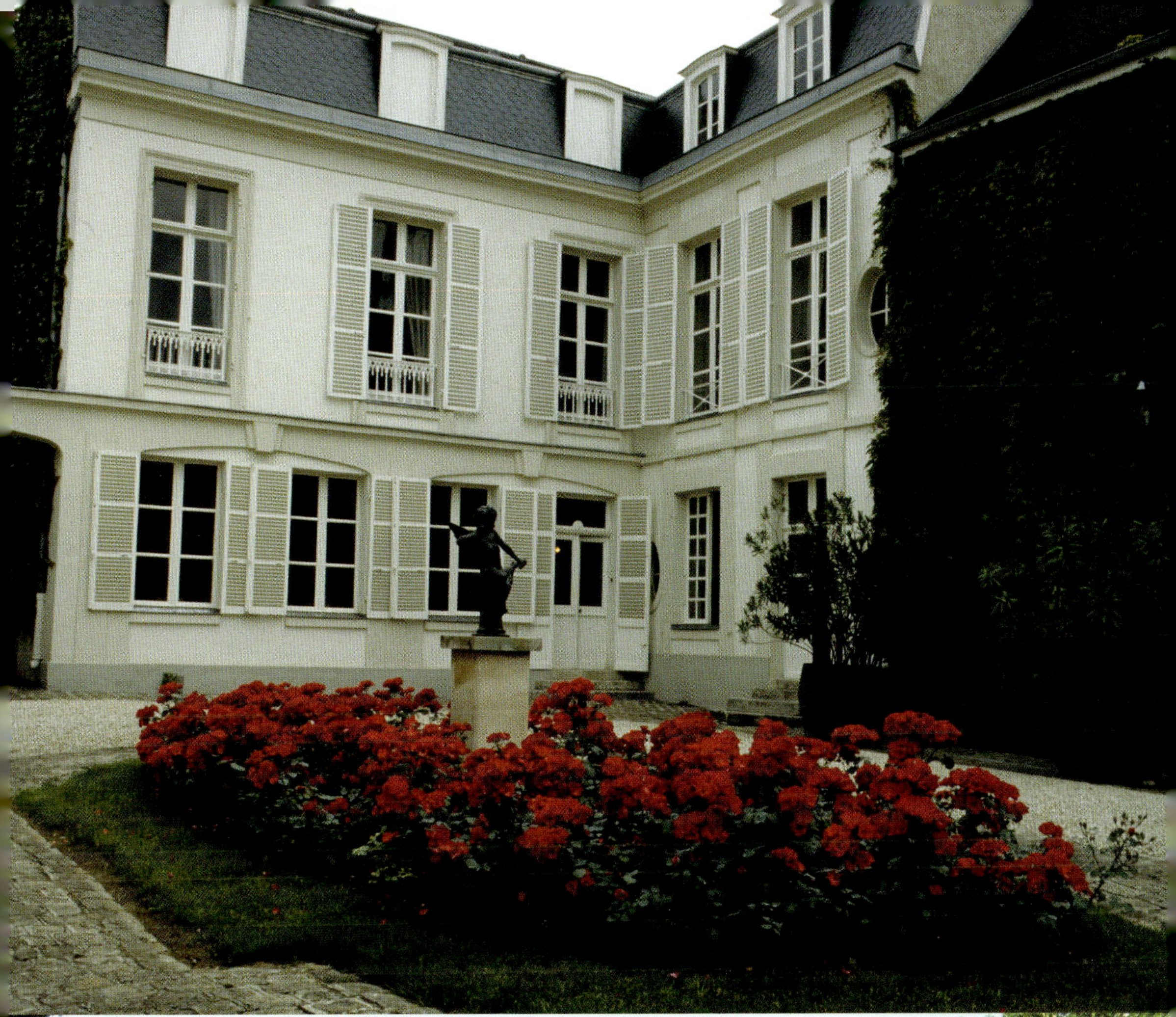

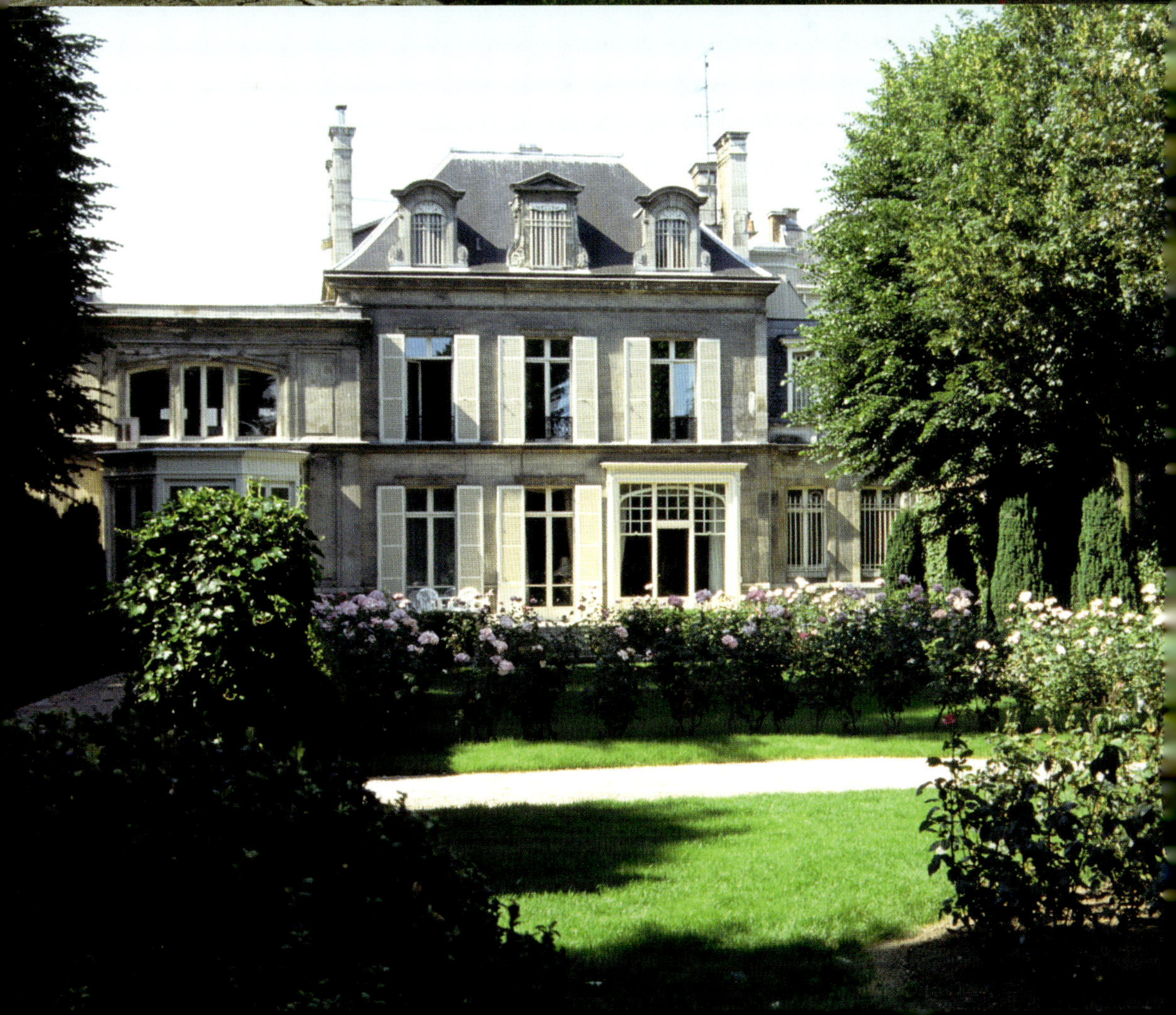

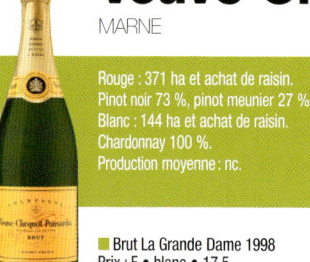

▶ Choisir

Veuve Clicquot Ponsardin**
MARNE

Rouge : 371 ha et achat de raisin.
Pinot noir 73 %, pinot meunier 27 %.
Blanc : 144 ha et achat de raisin.
Chardonnay 100 %.
Production moyenne : nc.

- Brut La Grande Dame 1998
Prix : E • blanc • 17,5
- Brut Vintage Reserve 2002
Prix : C • blanc • 14,5
- Brut Carte Jaune
Prix : B • blanc • 14
- Brut La Grande Dame Rosé 1998
Prix : F • rosé • 18,5
- Brut Vintage Reserve Rosé 2002
Prix : C • rosé • 15,5

✉ Veuve Clicquot Ponsardin
12, rue du Temple,
51100 Reims
☎ 03 26 89 54 40
SITE www.veuve-clicquot.com
🕒 Du lundi au samedi d'avril à octobre, fermé le samedi le reste de l'année, sur rendez-vous. Visites guidées en français, anglais, allemand, espagnol, italien
👤 LVMH

Le style Clicquot est fortement marqué par le pinot noir : des champagnes de bouche, vineux et structurés, ce qui n'exclut pas une réelle finesse de texture et de goût. Dans cet esprit, la maison élabore aussi des rosés millésimés d'une garde stupéfiante. Du brut non millésimé, appelé communément Carte Jaune (bien que l'étiquette soit orange...), on retiendra que, parmi les champagnes de grandes marques et de grande consommation, il fait partie des rares qui ont su conserver jusqu'à présent un vrai caractère. La cuvée de prestige, longtemps sans grand intérêt, est, depuis le millésime 1988, remarquable. **Les vins :** nous observons des variations de goût dans le brut Carte Jaune. Celui que nous avons dégusté est en revanche irréprochable : un nez fin et grillé, une bouche ciselée et gourmande aux notes florales et pâtissières douces.
Si le blanc Vintage 2002 est un peu décevant au vu de la complexité et de la tension rencontrées par ailleurs dans ce millésime, le Vintage rosé 2002 le venge par sa brillante et gourmande expression aromatique, tout en restant dans une longueur de bouche moyenne et dosée. Fraîcheur, finesse, droiture sont les atours juvéniles de La Grande Dame 1998, un grandissime champagne d'accord avec les crustacés. Il est pourtant surpassé cette année en complexité par sa version rosée 1998, une dentelle serrée de saveurs lardées et fruitées, agrémentées de fines notes de sous-bois.

Marie-Noëlle Ledru*
MARNE

Bon rapport qualité prix

Rouge : 5 hectares.
Pinot noir 100 %.
Blanc : 1 hectare.
Chardonnay 100 %.
Production moyenne : 25 000 bt/an.

- Brut Grand Cru Nature 1999
Prix : B • blanc • 18
- Brut Grand Cru Cuvée du Goulté 2004
Prix : B • blanc • 17,5
- Brut Grand Cru 2003
Prix : B • blanc • 16
- Extra-Brut Grand Cru
Prix : A • blanc • 15,5
- Brut Grand Cru
Prix : A • blanc • 15
- Demi-Sec Grand Cru
Prix : A • blanc • 15

✉ Marie-Noëlle Ledru
5, place de La Croix,
51150 Ambonnay
☎ 03 26 57 09 26
FAX 03 26 58 87 61
@ info@champagne-mnledru.com
🕒 Tous les jours sur rendez-vous
👤 Marie-Noëlle Ledru

Marie-Noëlle Ledru s'impose aujourd'hui parmi les plus grands vignerons de la Champagne. Ses vins de terroir sont entiers, vrais, énergiques, d'une franchise exemplaire, dans la tradition des plantureux pinots noirs d'Ambonnay, où elle possède son vignoble tenu avec rigueur. Le brut est présent et parfaitement équilibré, plus consensuel que l'extra-brut, toujours très vif et persistant. Saluons encore un splendide demi-sec savoureux, sans lourdeur de sucres, ainsi que des millésimés travaillés dans une optique de garde, particulièrement la cuvée parcellaire du Goulté. Ajoutez des prix encore accessibles et l'on comprend pourquoi les amateurs de grands vins bénissent cette adresse. **Les vins :** toujours une préférence pour le frais extra-brut, à la rétro-olfaction fumée et saline, et pour le grand cru 2003, millésime d'excellente tenue dans lequel Marie-Noëlle Ledru a su capter la saveur et non la lourdeur. Toujours plus tendu, le Goulté 2004 offre un fruit précis, mûr, et une magnifique fraîcheur finale. Quant au Nature 1999, avec ses fines notes d'évolution, il nous comble par sa persistance saline et sa tension encore bien marquée. Un grand champagne pour risotto aux champignons.

12 DOMAINES pour grandes occasions

Ruinart*
MARNE

Rouge : nc.
Pinot noir et meunier 100 %.
Blanc : nc.
Chardonnay 100 %.
Production moyenne :
2 400 000 bt/an.

■ Brut Blanc de Blancs Dom Ruinart 1998
Prix : E • blanc • 17,5
■ Brut Blanc de Blancs
Prix : C • blanc • 13,5
■ Brut R de Ruinart
Prix : B • blanc • 13
■ Brut Rosé Dom Ruinart Rosé 1996
Prix : F • rosé • 18
■ Brut
Prix : C • rosé • 13,5

✉ Ruinart
4, rue des Crayères, BP 85,
51053 Reims Cedex
☎ 03 26 77 51 51
FAX 03 26 82 88 43
SITE www.ruinart.com
🚪 Sur rendez-vous
👤 LVMH

Dans le giron de Moët et Chandon depuis 1963, et désormais du groupe LVMH, cette illustre marque s'est construite une grande réputation autour de cuvées à l'expression dominante de chardonnay, dotées d'arômes grillés dans un style rond et aérien. Au premier rang de cette légende, se trouve le Dom Ruinart, plus « blanc » que son cousin Dom Pérignon, et qui n'est jamais aussi bon que dans les millésimes de belle acidité qu'après quinze ans de garde. Nous avons constaté un nivellement de la qualité des entrées de gamme depuis quelques années.

Les vins : signalons notre inquiétude à propos du niveau de dosage de plus en plus ostentatoire dans les entrées de gamme, tant dans le brut que dans le blanc de Blancs, qui se traduit par des fins de bouche pommadées. Le rosé est puissant, terrien et racinaire dans ses saveurs, qui évoluent plus subtilement et précisément sur la morille et la réglisse dans le cistérien Dom Ruinart rosé. Cette même excellence en blanc est au prix de l'effilé Dom Ruinart 1998, dans ses saveurs vives et élancées de cédrat et de bergamote.

A = moins de 20 € • **B** = de 20 à 40 € • **C** = de 40 à 70 € • **D** = de 70 à 100 € • **E** = de 100 à 150 € • **F** = plus de 150 € • **nc** = non communiqué

Taittinger*
MARNE

Rouge : 183,06 hectares.
Pinot noir 60 %, pinot meunier 40 %.
Blanc : 105,78 hectares.
Chardonnay 100 %.
Prod. moyenne : 5 000 000 bt/an.

■ Brut Blanc de Blancs Comtes de Champagne 1998
Prix : F • blanc • 18
■ Brut Les Folies de la Marquetterie
Prix : C • blanc • 14
■ Brut Comtes de Champagne 2003
Prix : F • rosé • 17

✉ Taittinger
9, place Saint-Nicaise,
51100 Reims
☎ 03 26 85 45 35
FAX 03 26 50 14 30
@ marketing@taittinger.fr
SITE www.taittinger.com
🚪 De mi-mars à mi-novembre, tlj et jours fériés de 9 h 30 à 13 h et de 14 h à 17 h 30
De mi-novembre à mi-mars, du lundi au vendredi et fermeture les jours fériés, horaires identiques
👤 Pierre-Emmanuel Taittinger

Avec un trésor de 270 hectares de vignes, cet auto-approvisionnement ne représente qu'une fraction des raisins nécessaires à l'élaboration des diverses cuvées. Par sa vigueur, sa complexité, son amplitude racée au vieillissement (elle se révèle au bout de vingt ans), la cuvée chardonnay de prestige Comtes de Champagne est toujours l'un des dix plus grands effervescents au monde.

Les vins : nous ne sommes toujours pas en phase avec le dosage des débuts de gamme, qui certes, masque les amers provenant de la jeunesse des assemblages, mais rend les vins douceureux. Il est légitime de vouloir défendre l'indentité d'un champagne plus entier et vineux, mais cela ne peut se faire sans l'appui de vins de réserve. Le Prélude Grands Crus a du goût et de la finesse de bulle pour un champagne de nuit. Tout comme le Sec (qui est doux contrairement à ce que son nom indique), bien fait, sans lourdeur, ni déviance. Le Comtes de Champagne blanc 1998 continue sa montée en puissance : impeccablement droit, frais, doté d'une onctueuse rigidité qui convient si bien à table. On peut commencer à le boire. Son alter ego rosé 2003 (70 % pinot noir) est une bonne surprise du millésime (qui se révèle plus en rosé qu'en blanc), avec un vin de corps, de grain, de chair. Sans être d'une grande complexité, il reste délicat dans son large volume.

CHAMPAGNE
De Sousa & Fils
PROPRIETAIRES RECOLTANTS

12 DOMAINES atypiques

Agrapart et Fils*
MARNE

Rouge : 0,5 hectare.
Blanc : 9,5 hectares.
Chardonnay 95 %, pinot noir 5 %.
Production moyenne : 80 000 bt/an.

- Brut Grand Cru Nature Blanc de Blancs Venus 2002
Prix : C • blanc • 17
- Extra-Brut Grand Cru Blanc de Blancs Minéral 1996
Prix : C • blanc • 17
- Extra-Brut Grand Cru Blanc de Blancs L'Avizoise 2002
Prix : B • blanc • 16,5
- Brut Premier Cru Les Demoiselles
Prix : B • rosé • 16

✉ Agrapart et Fils
57, avenue Jean-Jaurès,
51190 Avize
☎ 03 26 57 51 38
FAX 03 26 57 05 06
@ info@champagne-agrapart.com
SITE www.champagne-agrapart.com
Sur rendez-vous
Pascal Agrapart

La famille Agrapart possède un superbe patrimoine de chardonnay grand cru à Avize, Cramant, Oger et Oiry, valorisé par des méthodes de culture et de vinification artisanales, respectueuses du milieu naturel. La nouvelle génération a étendu la gamme en déclinant les cuvées parcellaires (fermentations malolactiques faites), qui sont désormais des références dans l'expression appuyée de la matière (parfois jusqu'à la rusticité) et de la minéralité champenoise, avec des fins de bouche claires (peu dosées) et des saveurs persistantes et tendues sur des notes d'oxydation ménagées et salines.
Les vins : sur une base de 2003 et 2004, le blanc de Blancs Terroirs est expressif, à la texture douce mais déjà d'une rare tenue pour un brut. Le velouté extra-brut Minéral 2002 rappelle que le dosage est secondaire dans les grands millésimes. Avec ses amers doux et ses fines notes d'agrumes, l'extra-brut L'Avizoise 2002 affirme la verticalité effilée de cette grande année, encore décuplée dans le Vénus avec une bouche puissante et dense.

A = moins de 20 € • B = de 20 à 40 € • C = de 40 à 70 € • D = de 70 à 100 € • E = de 100 à 150 € • F = plus de 150 € • nc = non communiqué

Paul Bara*
MARNE

Bon rapport qualité prix

Rouge : 9,45 hectares.
Pinot noir 100 %.
Blanc : 1,55 hectare.
Chardonnay 100 %.
Production moyenne : 100 000 bt/an.

- Brut 2000
Prix : B • blanc • 16
- Brut Grand Cru Comtesse Marie de France 1998
Prix : B • blanc • 16
- Brut Spécial Club 2002
Prix : B • blanc • 16
- Brut Réserve
Prix : A • blanc • 14
- Brut Grand Rosé de Bouzy
Prix : A • rosé • 15,5

✉ Paul Bara
4, rue Yvonnet, 51150 Bouzy
☎ 03 26 57 00 50
FAX 03 26 57 81 24
SITE www.champagnepaulbara.com
Pas de visites
Chantal Bara

Ce domaine classique est la mémoire de l'un des grands spécialistes du pinot noir de Bouzy, cru dont la générosité fruitée se trouve merveilleusement restituée - sans lourdeur - dans les champagnes Paul Bara. Avec Chantal, la fille aînée de Paul, le style ne change pas mais a gagné en distinction aromatique. Les millésimés se comparent aux meilleures cuvées de prestige du négoce, à la moitié ou au tiers du prix.
Les vins : expressif sur la framboise et la grenadine de la robe au nez, bien ferme, presque tannique en bouche, le rosé est d'une grande régularité. Sa saveur fait honneur à Bouzy. Le Spécial Club (deux tiers de pinot noir) communique la tension, la fermeté et la jeunesse citronnée du millésime. Si l'on préfère davantage de souplesse et le côté très fruits rouges dans les champagnes de pinot (version cake et tartelette), cap sur le brut 2000. Il ne sera jamais d'aussi bonne compagnie qu'à table. L'évolution assez marquée du Comtesse Marie de France nous a légèrement déçus cette année, bien qu'il tiendra encore longtemps.

Ci-contre, en haut : Avize, Champagne De Souza.
Ci-contre, en bas : le Mesnil-sur-Oger, Champagne Salon.

▶ **C**hoisir

De Sousa*
MARNE

Rouge : 3,4 hectares.
Pinot noir 77 %, pinot meunier 23 %.
Blanc : 7,6 hectares.
Chardonnay 100 %.
Production moyenne : 100 000 bt/an
(25 000 bt/an pour Zoémie).

■ Brut Grand Cru Blanc de Blancs
Cuvée des Caudalies 2002
Prix : D • blanc • 17,5
■ Brut Grand Cru Blanc de Blancs
Cuvée des Caudalies 2000
Prix : D • blanc • 17
■ Brut Grand Cru Blanc de Blancs
Cuvée des Caudalies 2003
Prix : D • blanc • 16,5

✉ De Sousa
12, place Léon-Bourgeois
51190 Avize
Influence du Terroir,
8, rue du Marché, 51190 Avize
☎ 03 26 57 53 29
FAX 03 26 52 30 64
@ contact@champagnedesousa.com
SITE www.champagnedesousa.com
☏ Sur rendez-vous
☥ Erick de Sousa

Erick de Sousa est l'un des plus entreprenants vignerons de sa génération. Son vignoble, dominé par le chardonnay, est situé dans les meilleurs terroirs de la côte des Blancs (Avize, Cramant et Oger), avec un joli patrimoine de vieilles vignes. La vendange est vinifiée en fûts, notamment pour la gamme des Caudalies, qui a construit la réputation du domaine chez les amateurs de grandes cuvées de terroir.
Les vins : fleuron du domaine, un brut Réserve blanc de Blancs de parfaite maturité, tout en volume, à la chair finement citronnée et présentant en finale la palette de nuances d'amers des grands terroirs de la côte des Blancs (Avize et Oger). En Cuvée des Caudalies, la non millésimée capte l'attention par sa bouche crémeuse, sa bulle délicate en contraste avec la force des saveurs et son volume, qui la classent parmi les grands champagnes de prestige et de table. Le Caudalies 2000 (62 mois sur lattes), très long et très persistant, se dévoile en fin de bouche par sa trame et ses notes maltées. A boire. Le 2003 (36 mois sur lattes) est plus ouvert, sur des arômes pâtissiers, avec une bouche sur les fruits blancs, charnue, plus simple aussi, mais pas moins savoureuse. Il est à boire aussi, alors que nous avons encore envie de voir dans le temps le 2002 (48 mois sur lattes), qui gagne en tension et en fermeté, du fait de sa haute minéralité de texture. Un très grand champagne assurément.

Alfred Gratien*
MARNE

Vignobles : achat de raisin.
Production moyenne : 300 000 bt/an.

■ Brut Cuvée Paradis
Prix : C • blanc • 16,5
■ Brut Millésimé 1998
Prix : C • blanc • 15,5
■ Blanc de Blancs
Prix : C • blanc • 14
■ Brut
Prix : B • blanc • 13,5
■ Brut Cuvée Paradis
Prix : C • rosé • 16

✉ Alfred Gratien
30, rue Maurice-Cerveaux,
BP 3, 51201 Epernay
☎ 03 26 54 38 20
FAX 03 26 54 53 44
@ contact@alfredgratien.com
SITE www.alfredgratien.com
☏ Pas de visite
☥ Henkell et Söhnlein

Cette petite maison d'Epernay, qui appartient à un puissant négociant allemand, spécialiste des effervescents de masse, s'attache à travailler selon des règles plus artisanales qu'auparavant. Avec une politique d'approvisionnement personnalisée (suivie par la famille Jaeger de père en fils), le domaine achète des raisins dans les meilleurs terroirs (de préférence du pinot noir), au service de champagnes denses, puissants, dont la fermentation se fait en fûts. Après une période flamboyante dans les années 1990, avec des champagnes d'un velouté remarquable, la maison avait un peu baissé la garde. Depuis 2005, le retour de ce grand style est évident.
Les vins : la tendresse et la maturité recherchées dans la gamme s'exprime dès son brut, aux notes éloquentes de fruits rouges. Le blanc de Blancs, fortement réduit (à passer en carafe avant le service), garde une expression un peu rustique que n'a pas le superbe brut 1998, aux notes citronnées typiques du millésime, à la bouche encore bien jeune, pleine de vie, de belle garde. La cuvée Paradis, sur le marché fin 2008, capte l'attention par son aspect voluptueux, posé et harmonieux.

12 DOMAINES atypiques

Franck Pascal*
MARNE

Rouge : 3,2 hectares.
Pinot meunier 84 %, pinot noir 16 %.
Blanc : 0,3 hectare.
Chardonnay 100 %.
Production moyenne : 27 000 bt/an.

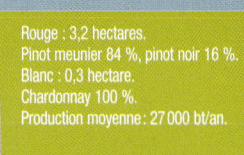

■ Extra-Brut Emeric
Prix : B • blanc • 16,5
■ Brut Clarisse
Prix : B • blanc • 16
■ Extra-Brut Réserve
Prix : A • blanc • 15
■ Brut
Prix : B • rosé • 16

✉ Franck Pascal
1 bis, rue Valentine-Régnier,
51700 Baslieux-sous-Chatillon
☎ 03 26 51 89 80
FAX 03 26 51 88 98
@ franck.pascal@wanadoo.fr
SITE http://perso.wanadoo.fr/
champagne.franck.pascal/
⌂ Sur rendez-vous
♦ Franck Pascal

Pour un jeune vigneron de Champagne, le chemin vers la reconnaissance est longue. Franck Pascal, ingénieur de formation, savait qu'en s'installant en 1994 en pleine vallée de la Marne, le pari était périlleux. Surtout en prenant les options courageuses, si peu communes en Champagne, de la viticulture biologique et biodynamique (depuis 2005). A partir du vignoble familial, morcelé sur cinq communes de la rive droite, il donne naissance à des champagnes de caractère, sans rusticité. Toute sa gamme est juste, marquée par la maturité fruitée du pinot meunier, avec un supplément de franchise et de minéralité.
Les vins : une telle finesse de bulles et une si grande netteté dans les saveurs sont plutôt rares dans ce secteur de la rive droite de la vallée de la Marne. De la matière finement concentrée de la cuvée de Réserve, avec sa finale subtile sur le pamplemousse confit, jusqu'au rosé charnu, sphérique et nature en bouche, les entrées de gamme sont hautement recommandables. Marquée par la maturité des millésimes assemblés (1999/2000/2001), le Clarisse évite la pesanteur, avec une bouche ample et toujours finement fruitée sur des notes d'agrumes. Quant à la cuvée Emeric, pur pinot meunier 2003, on ne peut qu'être sous le charme de la finesse de son effervescence et de sa maturité intense, jamais envahissante.

A = moins de 20 € • B = de 20 à 40 € • C = de 40 à 70 € • D = de 70 à 100 € • E = de 100 à 150 € • F = plus de 150 € • nc = non communiqué

Roses de Jeanne - Cédric Bouchard*
AUBE

Rouge : 0,9 hectare.
Pinot noir 100 %.
Production moyenne : 3 600 bt/an.

■ Blanc de Noirs Les Ursules 2005
Prix : B • blanc • 16,5

✉ Roses de Jeanne -
Cédric Bouchard
13, rue du Vivier,
10110 Celles-sur-Ource
☎ 03 25 29 69 78
FAX 03 25 29 69 78
@ cbouchard@champagne
-rosesdejeanne.com
SITE www.champagne
-rosesdejeanne.com
⌂ Sur rendez-vous
♦ Cédric Bouchard

Ce petit producteur très exigeant n'élabore qu'une seule cuvée sur un peu moins d'un hectare de pinot noir, dans l'Aube. Le vignoble est tenu dans les règles de l'art avec labourage, ébourgeonnage et vendanges en vert, ce qui réduit les quantités. Les quelques milliers de bouteilles de la cuvée Les Ursules sont pré-vendues, mais disponibles auprès de certains cavistes.
Les vins : le 2005 est bien évidemment très jeune et annonciateur de la haute maturité de ce millésime dans l'Aube. Mais au-delà de l'expression d'un raisin très mûr – on cherche un peu la fraîcheur en fin de bouche – l'ensemble garde une belle élégance.

▶ **Choisir**

Champagne Ayala & Co
MARNE

Rouge : nc.
Pinot noir 72 %, pinot meunier 28 %.
Blanc : nc.
Chardonnay 100 %.
Production moyenne : 600 000 bt/an.

- Perle d'Ayala 2001
Prix : C • blanc • 15,5
- Brut Blanc de Blancs 2000
Prix : C • blanc • 15
- Brut 1999
Prix : C • blanc • 14,5
- Brut Nature Zéro Dosage
Prix : C • rosé • 15,5

✉ Champagne Ayala & Co
2, boulevard du Nord,
BP 6, 51160 Aÿ
☎ 03 26 55 15 44
FAX 03 26 51 09 04
@ contact
@champagne-ayala.com
SITE www.champagne-ayala.fr
🕭 Sur rendez-vous de 9 h à 11 h
et de 14 h à 17 h, sauf
samedi et dimanche
👤 Champagne Bollinger

Cette vénérable maison d'Aÿ, fondée en 1860, vit une nouvelle aventure depuis son rachat en 2005 par la maison de champagne Bollinger. La gamme reste orientée vers le pinot noir, surtout dans le brut Majeur, qui avait besoin d'une sérieuse remise en question. La première action forte du nouveau propriétaire a été de sortir un brut non dosé (Zéro Dosage), signe qu'Ayala s'engage sur la voie des champagnes de caractère.
Les vins : la gamme n'est pas encore totalement convaincante, surtout dans ses premières cuvées comme le Zéro Dosage, assez massif, qui partage avec le brut Majeur une bulle manquant de finesse. Les choses sérieuses débutent avec un blanc de Blancs 2000 aux notes citronnées confites, avec une juste fraîcheur dans la finale. Le rosé brut Nature évoque un Bollinger par sa vinosité, ses fines notes de rancio, tout en restant très typé chardonnay, frais, particulièrement « apéritif » dans sa finale. En millésimé, le robuste 1999 évoque le 1995 par son grain, sa fermeté et sa persistance qui conviennent à la table. Le Perle 2001 est ouvert, expressif au nez, doté d'une bouche charnue et tendue. Il a le volume d'un champagne de belle origine, dans les limites d'un millésime moyen qui ne lui permet pas de rivaliser avec l'élite des cuvées de prestige.

*Ci-contre, en haut :
Veuve Clicquot, à Verzy.
Ci-contre, en bas :
Reims, Champagne Ruinart.*

A = moins de 20 € • **B** = de 20 à 40 € • **C** = de 40 à 70 € • **D** = de 70 à 100 € • **E** = de 100 à 150 € • **F** = plus de 150 € • **nc** = non communiqué

Françoise Bedel et Fils
MARNE

Rouge : 7,22 hectares.
Pinot meunier 92 %, pinot noir 8 %.
Blanc : 1,2 hectare.
Chardonnay 100 %.
Production moyenne : 60 000 bt/an.

- Brut Dis, Vin Secret
Prix : B • blanc • 16
- Brut L'Ame de la Terre 1998
Prix : B • blanc • 16
- Robert Winer 1996
Prix : C • blanc • 16

✉ Françoise Bedel et Fils
71, Grande Rue,
02310 Crouttes-sur-Marne
☎ 03 23 82 15 80
FAX 03 23 82 11 49
@ chfbedel
@champagne-francoise-bedel.fr
SITE www.champagne
-francoise-bedel.fr
🕭 Lundi, mardi et jeudi de 9 h à 13 h
et de 14 h à 18 h
Les autres jours sur rendez-vous
👤 Françoise Bedel

Loin des grandes maisons sparnaciennes et rémoises, ici la polyculture a longtemps commandé. Les champagnes produits sont souples et précoces, issus essentiellement du pinot meunier, de terroirs hétérogènes (limoneux, argileux, calcaires) dont le potentiel se révèle chez ceux qui s'en donnent la peine. Vincent Desaubeau travaille avec sa mère Françoise depuis 2003. Ils possèdent un vignoble découpé en vastes parcelles, un atout en culture biodynamique que le domaine applique depuis 1998. Leurs champagnes, peu dosés, reposent sur la maturité et la tendresse du pinot meunier, à l'effervescence et aux notes oxydatives subtiles. Le style s'affine d'année en année ; la minéralité ressort dans des vins posés, tendres naturellement, qui restent dans l'élégance par la finesse de leur bulle. Surtout la charnelle cuvée Comme Autrefois, un des rares champagnes vieillis au moins six ans sous liège.
Les vins : le Dis, Vin Secret est un champagne entier, large en bouche, que l'on mâche et qui reste d'une très belle fraîcheur ; la finale s'affirme sur des saveurs d'humus. Les deux bouteilles de la cuvée Comme Autrefois étaient polluées par un goût de liège (nous ne la notons pas). Le Robert Winer 1996 offre des notes oxydatives fines sur la noix et le champignon frais au nez, en contraste avec une bouche tonique, sans ride, très vive, de belle longueur. Un champagne de table et d'automne.

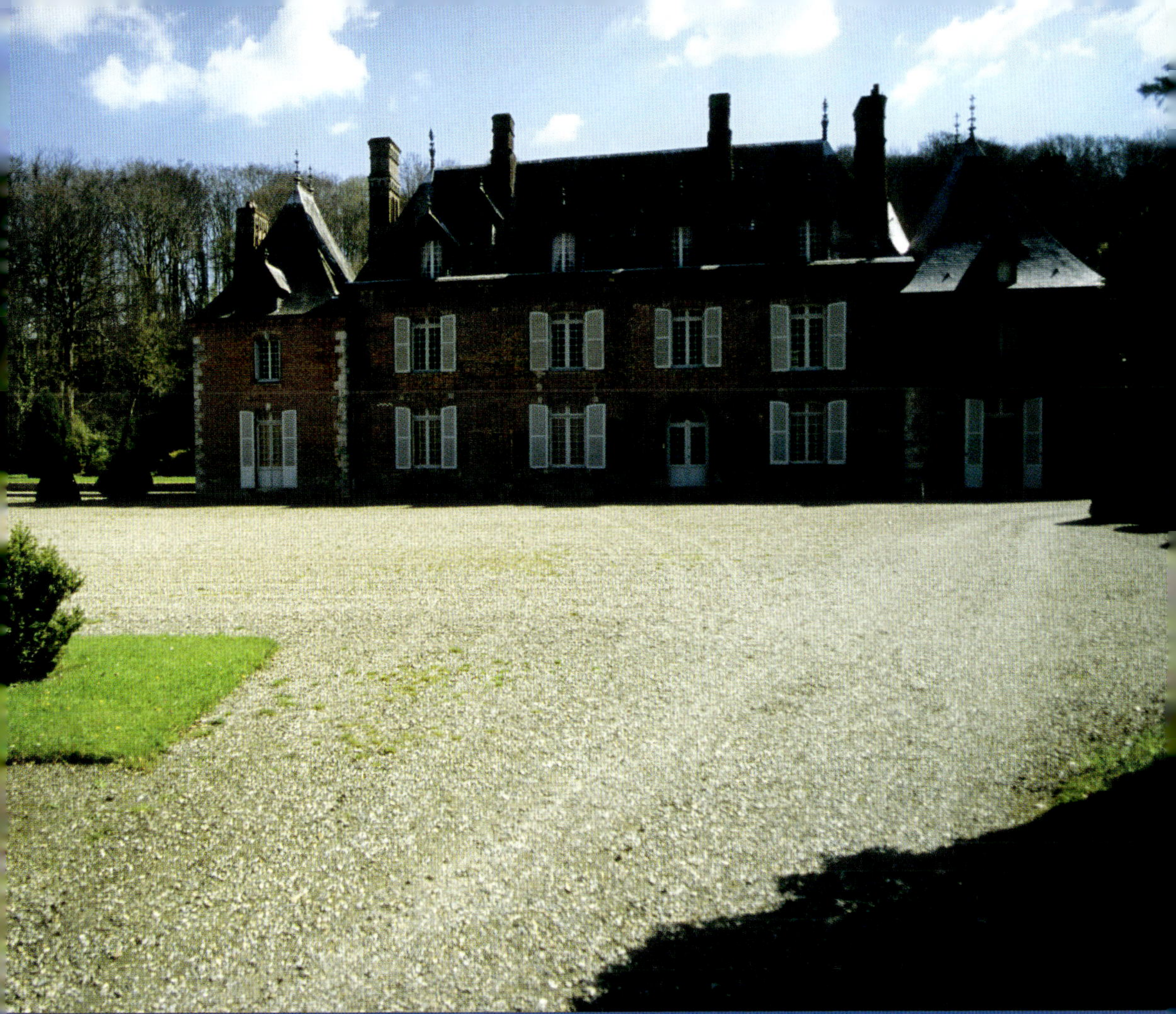

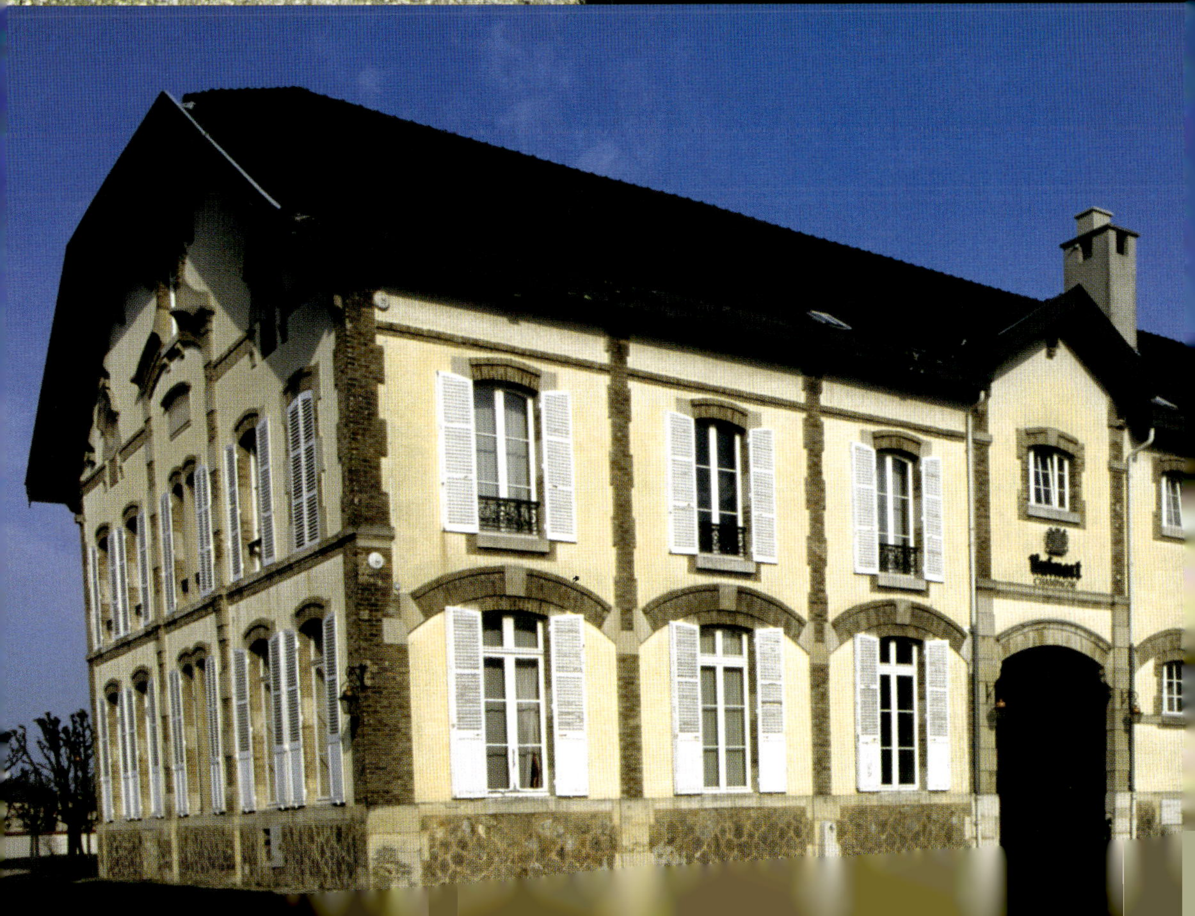

▶ *Choisir*

Bérêche et Fils
MARNE

Rouge : 6,5 hectares.
Pinot meunier 50 %, pinot noir 50 %.
Blanc : 3 hectares.
Chardonnay 100 %.
Production moyenne : 90 000 bt/an.

- Brut Reflet d'Antan
Prix : B • blanc • 16,5
- Brut Reflet d'Antan Magnum
Prix : D • blanc • 16,5
- Brut Les Beaux Regards
Prix : B • blanc • 16
- Brut Millésime 2000
Prix : B • blanc • 15
- Extra-Brut Réserve
Prix : B • blanc • 15

✉ Bérêche et Fils
Le Craon de Ludes,
BP18, 51500 Ludes
☎ 03 26 61 13 28
FAX 03 26 61 14 14
@ nfo@champagne
-bereche-et-fils.com
SITE www.champagne
-bereche-et-fils.com
Sur rendez-vous
Jean-Pierre et Raphaël Bérêche

Ce domaine du nord-ouest de la Montagne de Reims se singularise d'abord par son respect du raisin, qui aboutit logiquement à des sélections et vinifications parcellaires. Avec le jeune Raphaël Bérêche, le domaine s'oriente vers une conversion douce en bio. Il perpétue des élevages en fûts et en demi-muids initiés par son père Jean-Pierre, qui a sorti sa première cuvée boisée (Reflet d'Antan) en 1990. Sur un terroir à dominante de pinots noir et meunier, la recherche de la maturité ne se fait jamais au détriment de la tension en bouche. Les dosages sont légers, voire inexistants.
Les vins : le brut Réserve est dominé au nez par une forte réduction, avec une texture veloutée et franche. Le 2002 a de la tenue, tout en étant plus convenu dans la patine de ses arômes, avec une pointe d'encaustique. Quant au Reflet d'Antan (vin de base élevé en solera sous bois, vieilli en bouteille sous liège, non filtré), il séduira les amateurs en quête d'autres arômes que le fruit (malt, cassonade, caillé crémeux) et qui apprécient le mariage de l'effervescence active et des bulles fines. Pas de trace d'oxydation dans ce vin riche, qui possède une légère tanicité et un bel avenir devant lui.

Michel Genet
MARNE

Bon rapport qualité prix

Rouge : 1,44 hectare.
Pinot meunier 91,4 %,
pinot noir 8,6 %.
Blanc : 6,86 hectares.
Chardonnay 100 %.
Production moyenne : 80 000 bt/an.

- Brut Prestige de la Cave
Prix : B • blanc • 16,5
- Brut Grande Réserve Millésimé 2004. Prix : A • blanc • 14,5
- Brut Classic
Prix : A • blanc • 12,5

✉ Michel Genet
22, rue des Partelaines,
51530 Chouilly
☎ 03 26 55 40 51
FAX 03 26 59 16 92
@ champagne.genet.michel
@wanadoo.fr
SITE www.michelgenet.com
Du lundi au vendredi de 9 h à 11 h 30 et de 14 h à 17h 30
Samedi sur rendez-vous
Antoine et Vincent Genet

Michel Genet a créé son exploitation dans les années soixante et pris sa retraite en 1997. Son domaine est désormais géré et brillamment développé par ses fils Vincent, voué aux vinifications, et Antoine, voué au suivi des vignes (dont 6,5 hectares sont en grand cru). Ils viennent de déménager leur cave et profitent du vaste espace de l'ancien pressoir de Moët dans le village de Chouilly. Ils jouissent aussi de la pluralité des expressions des terroirs de la commune, qu'il s'agisse du secteur des Montaigus vers Cramant ou celui des Partelaines, à l'opposé, côté ouest, vers Epernay. Deux grands terroirs que l'on retrouve dans la cuvée Prestige, un blanc de Blancs en charme et en chair, plutôt dédié à la table.
Les vins : le brut Classic, rond, souple, acidulé, est un champagne de cocktail tout public, alors que l'extra-brut Chouilly grand cru séduira les amateurs de chardonnay bien secs, portés par des amers mûrs. Si l'on aime le volume de bouche, la chair et le côté fruits blancs du Grande Réserve, on n'en reste pas moins enthousiaste face au Prestige de la Cave, dans lequel on retrouve vraiment la finesse de Chouilly, sa bulle élégante, sa persistance finement iodée.

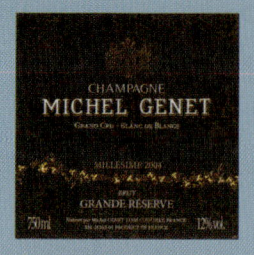

12 DOMAINES
atypiques

René Geoffroy
MARNE

Rouge : 10,5 hectares.
Pinot noir 52 %, pinot meunier 48 %.
Blanc : 2,5 hectares.
Chardonnay 100 %.
Production moyenne : 130 000 bt/an.

■ Brut Premier Cru Volupté
Prix : B • blanc • 15,5
■ Millésime 2000
Prix : C • blanc • 15
■ Brut Premier Cru Empreinte
Prix : A • blanc • 14
■ Brut Premier Cru Expression
Prix : A • blanc • 13
■ Coteaux Champenois Cumières
2003. Prix : B • rouge • 15
■ Brut Premier Cru Rosé de Saignée
Prix : B • rosé • 15

✉ René Geoffroy
150, rue du Bois-des-Jots,
51480 Cumières
☎ 03 26 55 32 31
FAX 03 26 54 66 50
@ info@champagne-geoffroy.com
SITE www.champagne-geoffroy.com
De 9 h à 12 h et de 14 h à 18 h, sur rendez-vous
René Geoffroy

René Geoffroy, désormais rejoint par son fils Jean-Baptiste, élabore, sur la rive droite de la Marne et ses coteaux solaires de Cumières (en premier cru), des champagnes à la bulle discrète, marqués au sceau de la vinosité et de la sensualité du pinot noir. La production revient aujourd'hui à son meilleur niveau, avec des expressions aromatiques précises et des textures fines. Les rouges de coteaux et les rosés de saignée sont toujours des points forts. Une adresse en grande forme.

Les vins : le Cumières 2003 (vin rouge tranquille), coloré, mûr et charnu, impose un haut niveau de maturité tout en conservant le langage frais de la Champagne. Cette même approche de la maturité caractérise le gourmand et charpenté rosé de saignée, l'un des meilleurs de cette famille. Le brut Expression est simple, net, assez consensuel. Nous lui préférons l'Empreinte, qui parle davantage de Cumières sur des saveurs douces de fruits blancs et d'amande, jamais agressif dans sa bulle, crémeux dans sa finale. Cette expression de la maturité du pinot monte d'un cran dans le dense Volupté, superbe champagne compact mais sans lourdeur, à la finale plus élégante que le terrien et vigoureux 2000, encore bien jeune. A attendre.

A = moins de 20 € • B = de 20 à 40 € • C = de 40 à 70 € • D = de 70 à 100 € • E = de 100 à 150 € • F = plus de 150 € • nc = non communiqué

Georges Laval
MARNE

Rouge : 2 hectares.
Pinot meunier 67 %, pinot noir 33 %.
Blanc : 0,53 hectare.
Chardonnay 100 %.
Production moyenne : 11 000 bt/an.

■ Brut Premier Cru Nature Cumières
Les Chênes Millésimé 2002
Prix : C • blanc • 16,5
■ Brut Premier Cru Nature Cumières
Prix : B • blanc • 14,5
■ Brut Premier Cru Cumières Rosé
Prix : C • rosé • 14

✉ Georges Laval
16, ruelle du Carrefour,
51480 Cumières
☎ 03 26 51 73 66
FAX 03 26 57 80 87
@ champagne@georgeslaval.com
SITE www.georgeslaval.com
Sur rendez-vous
Vincent Laval

Vigneron trentenaire à Cumières (2,5 hectares dont des parcelles bien exposées au sud), Vincent Laval a repris le domaine familial il y a dix ans et poursuit la culture biologique mise en place depuis 1971 par son père. Des champagnes d'artisan d'art, sans chaptalisation, vinifiés en fûts, qui s'adressent sans fard à nos papilles et restituent fortissimo la tension minérale champenoise.

Les vins : nous tempérons un peu notre enthousiasme de l'an passé du fait de l'apparition de tanins amers (surtout dans le Cumières Nature et le rosé) apportés par des élevages en fûts trop jeunes. Aromatique sur la fougère et le citron confit, charnu, vineux et d'une haute concentration, Les Chênes 2002 emporte tous les suffrages. Des champagnes à savourer (avec mise en carafe) à table, plus qu'à l'apéritif.

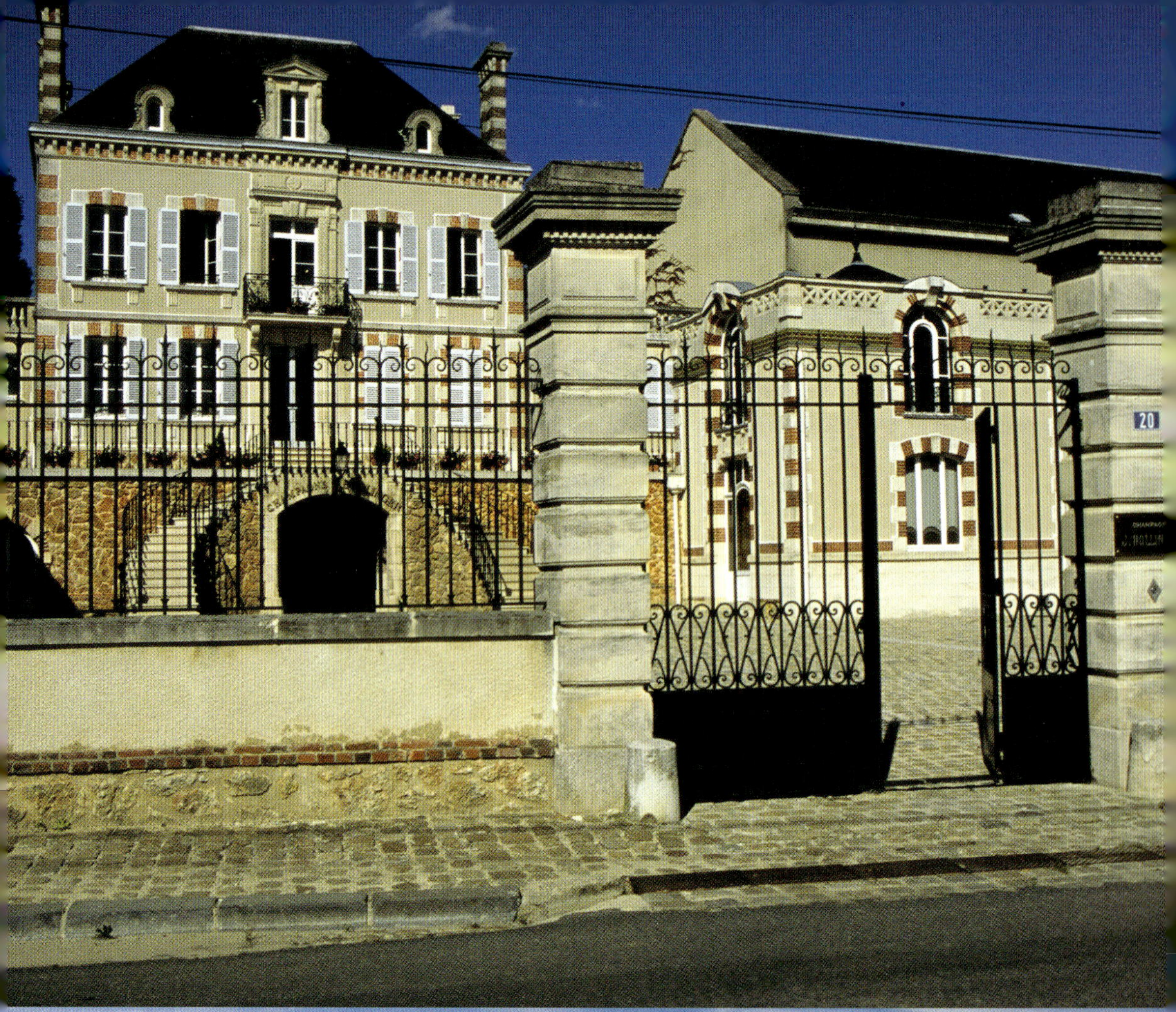
20

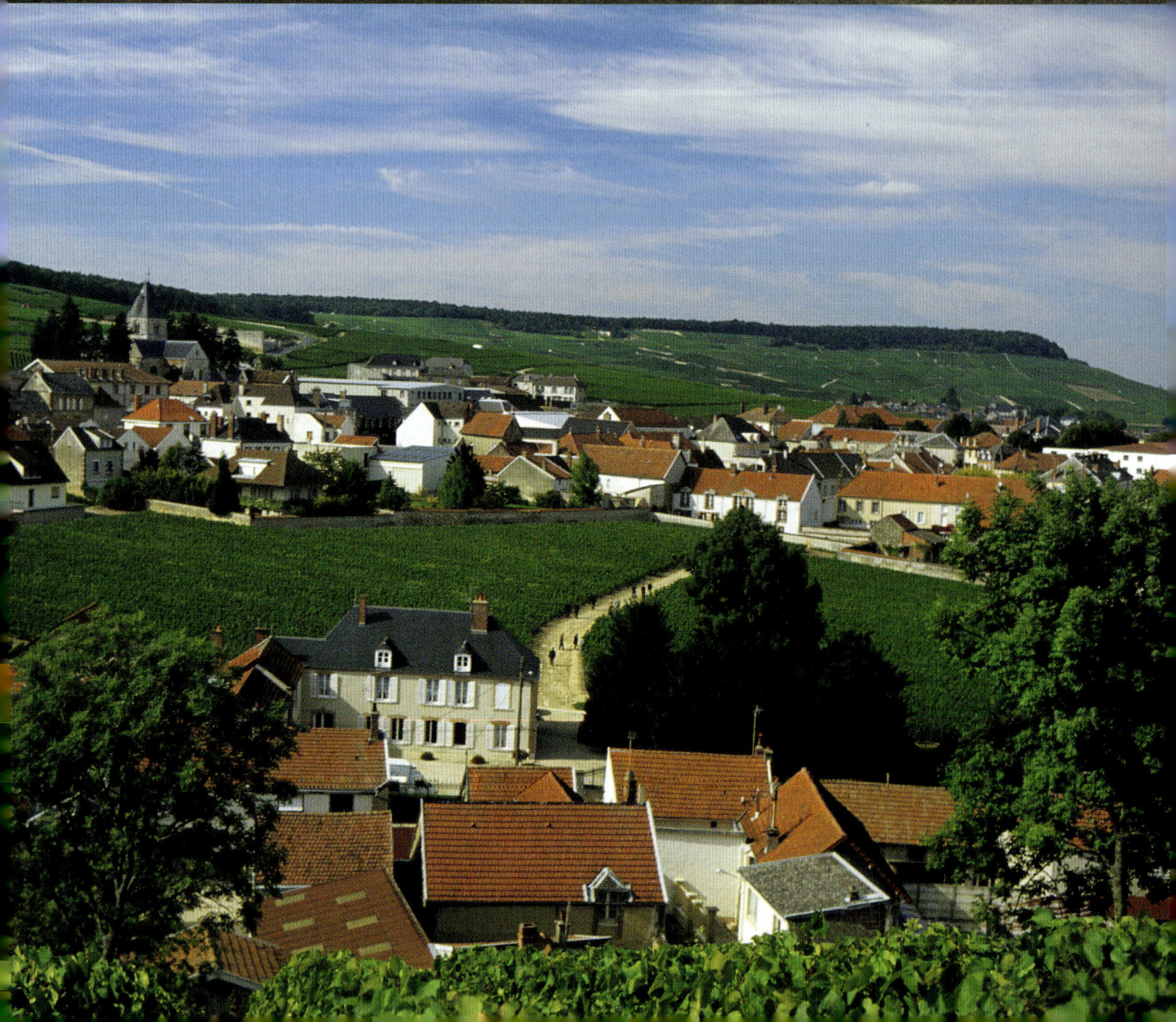

6 DOMAINES mythiques

Bollinger***
MARNE

Rouge : 118,09 ha et achat de raisin.
Pinot noir 80 %, pinot meunier 20 %.
Blanc : 40,32 hectares et achat de raisin.
Chardonnay 100 %.
Production moyenne : 2 500 000 bt/an.

■ Brut La Grande Année 1999
Prix : E • blanc • 18
■ Brut Special Cuvée
Prix : C • blanc • 16
■ Brut La Grande Année 1999
Prix : F • rosé • 20

✉ Bollinger
16, rue Jules-Lobet, BP 4,
51160 Aÿ
☎ 03 26 53 33 66
FAX 03 26 54 85 59
@ contact@champagne-bollinger.fr
SITE www.champagne-bollinger.fr
⌂ Pas de visites
† Société Jacques Bollinger

Cette maison de haute qualité, encore familiale, produit des champagnes d'un style vineux avec une base majoritaire de pinot noir vinifié en fûts. De grands vins capables de défier les années avec sérénité et de s'imposer tant en apéritif qu'en cours de repas. L'important vignoble du domaine et un cahier des charges draconien expliquent la haute régularité et l'intensité de la gamme. Le champagne brut non millésimé, baptisé ici Special Cuvée, est de loin le meilleur de sa catégorie. Réalisé avec une proportion importante de vins de réserve, le vin est ferme mais épanoui, à la palette aromatique fine et riche. Grâce à un dosage discret, il démontre une fraîcheur parfaite.

Les vins : la nouveauté, cette année, est l'arrivée d'un rosé brut non millésimé, sur la base du Special Cuvée. On retrouve dans ce rosé la tenue en bouche, la finesse de bulle, mais aussi le côté entier, tannique et masculin des champagnes Bollinger. Une excellente introduction au dantesque rosé Grande Année 1999, dont le fruit, si gourmand, si mûr, n'est pas un but mais un vecteur vers l'expression raffinée et complexe du terroir : enfin un rosé issu de grand cru ! En blanc classique, le Special Cuvée offre toujours un équilibre passionnant entre le volume et la tension, la maturité poussée et l'appétence conservée, l'ouverture et la retenue.

A = moins de 20 € • B = de 20 à 40 € • C = de 40 à 70 € • D = de 70 à 100 € • E = de 100 à 150 € • F = plus de 150 € • nc = non communiqué

Egly-Ouriet***
MARNE

Rouge : 10 hectares.
Pinot noir 78.0 %, Pinot meunier 22.0 %
Blanc : 2 hectares
Chardonnay 100 %
Production moyenne : 100 000 bt/an

■ Cuvée Prestige 2000
Prix : C • blanc • 19,5
■ Brut Grand Cru Blanc de Noirs Vieilles Vignes
Prix : C • blanc • 19
■ Brut Grand Cru Tradition
Prix : B • blanc • 17
■ Brut Premier Cru Les Vignes de Vrigny. Prix : B • blanc • 16,5
■ Brut Grand Cru
Prix : B • rosé • 17

✉ Egly-Ouriet
9-15, rue de Trépail,
51150 Ambonnay
☎ 03 26 57 00 70
FAX 03 26 57 06 52
⌂ Du lundi au vendredi de 9 h à 12 h et de 14 h à 18 h, éventuellement le samedi matin sur rendez-vous
† Michel et Francis Egly-Ouriet

Depuis trois générations, la famille Egly a su édifier un rare patrimoine de vignes à Ambonnay avec 10 hectares de grand cru sur les 12 du domaine, dans le cœur du terroir, et toujours sans se départir des vieilles vignes, notamment sur la parcelle des Crayères (60 ans d'âge). Francis Egly loue l'hydromorphie de la craie de son village, travaille ses vignes, vendange tard, vinifie tout en barriques et bloque les fermentations malolactiques (depuis 1999) pour conserver davantage de fraîcheur. La gamme est une leçon magistrale d'équilibre entre la maturité du raisin et son expression minérale.
Les vins : l'élégance aromatique du Vrigny est un grand hommage rendu au pinot meunier. Dans le Tradition grand cru (Ambonnay, Bouzy et Verzenay), c'est la richesse, l'aspect entier et profond des meilleurs raisins noirs de la Montagne qui s'expriment. Le blanc de Noirs Les Crayères procure toujours une immense émotion. On tutoie des notes oxydatives fraîches et complexes avec le VP, à savourer sur une assiette de Bellota Bellota. Apothéose cette année avec un magnifique 2000, encore marqué par son boisé d'élevage, mais déjà fascinant par l'expression de sa maturité grillée, ses notes finement oxydatives et sa longue rétro-olfaction fruitée.

Ci-contre, en haut : la maison Bollinger, à Aÿ.
Ci-contre, en bas : Krug, Clos du Mesnil.

▶ Choisir

Krug***
MARNE

Rouge : 10 hectares et achat de raisin. Pinot noir et meunier 100 %.
Blanc : 10 hectares et achat de raisin.
Chardonnay 100 %.
Production moyenne : 500 000 bt/an.

■ Brut Clos du Mesnil 1996
Prix : F • blanc • 20
■ Brut 1996
Prix : F • blanc • 19,5
■ Brut Clos d'Ambonnay 1995
Prix : nc • blanc • 19
■ Brut 1998
Prix : nc • blanc • 18,5
■ Brut Clos du Mesnil 1998
Prix : nc • blanc • 18,5
■ Brut
Prix : F • rosé • 19

✉ Krug
5, rue Coquebert, 51100 Reims
☎ 03 26 84 44 20
FAX 03 26 84 44 49
@ krug@krug.fr
SITE www.krug.com
⌂ Pas de visites
† Moët Hennessy

La mythique maison rémoise bouge en douceur, sous la férule d'une nouvelle génération, Olivier Krug (fils d'Henry), avec la complicité fidèle du chef de cave Eric Lebel. Tous les vins sont vinifiés en petits fûts âgés (25 ans en moyenne), pendant trois mois, le temps de la phase fermentaire. La Grande Cuvée est issu de 40 % de vins de réserve, avec dans l'assemblage des vins de plus de 20 crus et de plus de 20 ans. Elle est ensuite vieillie sur pointe, en cave, au minimum 6 ans. Matures et riches, ces champagnes savoureux, persistants, s'expriment au mieux lors d'un repas.
Les vins : l'immense 1996, sur ses notes de champignon frais, de curry et de fruits rouges, confirme la haute puissance acide du millésime, totalement enrobée, jamais étouffée, par une matière dense, patinée par l'élevage. Quand au Clos du Mesnil 1996, le raffinement absolu de ses arômes subjugue : ils sont intenses, tendus, faits de force et de délicatesse, sensation que prolonge une bouche encore très jeune et déjà aboutie. Un flacon mythique pour les 40 prochaines années. Et puisque nous sommes dans le mythe, rappelons qu'en 2008 est sorti le Clos d'Ambonnay, dans le millésime 1995. Sa palette aromatique élargit le propos du pinot noir vers une complexité racinaire et des notes décadentes de rose sèche. Des bulles à taille de guêpe, une texture sans une ride : c'est l'éclat frais et tranchant du fruit qui domine en bouche.

Salon***
MARNE

Blanc : 1,5 hectare.
Chardonnay 100 %.
Production moyenne : 60 000 bt/an.

■ Brut Blanc de Blancs 1997
Prix : F • blanc • 18,5

✉ Salon
5, rue de la Brèche-d'Oger,
51190 Le Mesnil-sur-Oger
☎ 03 26 57 51 65
FAX 03 26 57 79 29
@ champagne@salondelamotte.com
SITE www.salondelamotte.com
⌂ Du lundi au vendredi de 8 h à 11 h et de 14 h à 17 h, sur rendez-vous
† Groupe Laurent-Perrier

L'esprit de cette micromaison demeure inchangé depuis sa création, dans les Années folles, par son pygmalion Aimé Salon. Ce champagne, le parangon du blanc de Blancs, provient d'un seul cépage, le chardonnay, d'un seul cru, le Mesnil-sur-Oger, et d'un seul millésime – toujours un grand –, sans fermentation malolactique. En moyenne, seulement trois années sur dix sont millésimées. La maison a su conserver ses principes fondateurs avec un panache que respecte parfaitement le groupe Laurent-Perrier, à sa tête depuis 1988, et que son directeur, Didier Depond, surveille avec un soin jaloux. Les millésimes ne sont proposés qu'après une longue période de vieillissement sur pointe (environ dix ans) et possèdent une formidable résistance au temps avec cette saveur si typée du chardonnay champenois, alliance du raisin mûr et de la craie fraîche.
Les vins : après la force du 1996, le 1997 est plus en nuance, apaisé, crémeux, déjà salin et truffé dans sa finale, élégamment habillé de nanobulles. Il n'est pas d'une grande longueur mais toujours d'un grand chic jubilatoire. Prêt à boire, il permet de réserver encore en cave les 1996.

6 DOMAINES mythiques

Jacques Selosse***
MARNE

Rouge : 0,9 hectare.
Pinot noir 100 %.
Blanc : 6,6 hectares.
Chardonnay 100 %.
Production moyenne : 55 000 bt/an.

■ Grand Cru Millésimé 1998
Prix : F • blanc • 19,5
■ Brut Grand Cru Contraste Blanc de Noirs. Prix : C • blanc • 19
■ Grand Cru Substance
Prix : D • blanc • 18
■ Exquise
Prix : C • blanc • 17
■ Version Originale
Prix : C • blanc • 17
■ Brut Initial
Prix : C • blanc • 16
■ Brut Grand Cru
Prix : C • rosé • 18,5

✉ Jacques Selosse
22, rue Ernest-Vallé,
51190 Avize
☎ 03 26 57 53 56
FAX 03 26 57 78 22
@ a.selosse@wanadoo.fr
Pas de visites
Corinne et Anselme Selosse

La biodynamie, le labour, la cueillette à maturité optimale, les vinifications sous de multiples origines de bois ou encore un stock de six ans en bouteille ; tous ces efforts sont au service d'une expression toujours plus harmonieuse des terroirs. Aussi forts de caractère que fins en bulles, les champagnes Jacques Selosse peuvent être déroutants de prime abord ; ils s'apprivoisent. Peu de vins au monde possèdent une telle profondeur. L'Initial et le Version Originale constituent la base de la gamme, suivis du millésimé issu d'une parcelle d'Avize. Puis viennent le sec l'Exquise et le Substance, cuvée d'Avize à 100 %.
Les vins : le brut Initial est dominé au nez par une fine oxydation et des notes de pomme confite qui se complexifient à l'air, avec déjà en bouche la bulle « taille de guêpe » et des saveurs intenses. Mais c'est avec l'extra-brut VO, plus boisé, que s'entame la grande partition du pur style Selosse. Un impressionnant nez de rancio, de truffe et de curry pour le Substance, qui démultiplie ses saveurs en bouche. On retrouve le haut classicisme avec le millésimé 1998, à la matière encore très jeune et très racée sur les agrumes grillés et confits. Dans une case à part, le suave Exquise met sa richesse confite au service de longues saveurs enrobées qui font forte sensation sur la cuisine asiatique.

A = moins de 20 € • B = de 20 à 40 € • C = de 40 à 70 € • D = de 70 à 100 € • E = de 100 à 150 € • F = plus de 150 € • nc = non communiqué

Dom Pérignon**
MARNE

Rouge : n.c
Blanc : n.c
Production moyenne : nc
Dom Pérignon

■ Brut 2000
Prix : D • blanc • 17
■ Brut 2000
Prix : E • rosé • 17,5
■ Brut 1998
Prix : D • rosé • 17,5

✉ Moët et Chandon,
20, avenue de Champagne,
51200 Epernay
☎ 03 26 51 20 00
FAX 03 26 54 84 23
SITE www.domperignon.com
Pas de visites
LVMH

Si la légende a fait du moine bénédictin Pierre Pérignon (1638-1715) le père du champagne, le groupe LVMH en a fait mousser l'image à la perfection. Moët et Chandon produit sous cette marque, depuis 1936, le plus célèbre des effervescents, synonyme planétaire de fête, de réussite, de séduction. Son effervescence éthérée, sa grande finesse de texture, son goût toasté savoureux peuvent être interprétés, tout comme l'équilibre entre l'élégance du chardonnay (autour de 60 %) et la profondeur du pinot noir de grandes origines. Des raisins de qualité sont effectivement nécessaires pour aboutir à ce style régulier de champagne. Une haute technique œnologique l'est tout autant. Dom Pérignon est souvent bu trop jeune, alors que ses arômes gagnent en raffinement avec l'âge.
Les vins : 2000 n'est pas un grand millésime champenois mais donne ici un champagne déjà épanoui, toujours fin en bulles, à la matière millimétrée et policée, qui tient en bouche par l'écho des notes de réduction grillée, marque de fabrique de la maison. Le rosé possède plus de personnalité, de densité, de vinosité, dans un registre aromatique confit. Il n'a pas la persistance des plus grands mais un style propre, chic, bien défini.

A

4
acheter

Les bons cavistes de la région 62
Acheter des vins à **la propriété** 64
La cote des vins 66

▶ **A**cheter

Les bons cavistes de la région

De Reims à Epernay, en passant par Châlons-en-Champagne, des cavistes exigeants mettent en avant nombre de cuvées de la région. Voici une sélection des meilleures adresses.

A CHALONS-EN-CHAMPAGNE
La Grande Boutique du vin
Près de 1000 vins de toutes les régions françaises, dont de nombreux champagnes, sont référencés dans cette chaîne de caves.
Parc d'activités sud, Les Escarnotières,
51000 Châlons-en-Champagne – Tél. : 03 26 22 96 69

Prestige des sacres
Ce caveau de producteurs de champagne dispose également de plusieurs centaines de vins de toutes les régions de France.
15, avenue Winston-Churchill,
51000 Châlons-en-Champagne – Tél. : 03 26 70 95 70

Vinifia
Les régions Champagne, Languedoc-Roussillon, Loire et Bordeaux sont bien représentées chez ce caviste qui propose également une centaine de whiskies et des bières du monde.
5, rue Lochet, 51000 Châlons-en-Champagne
Tél. : 03 26 65 18 55

A DORMANS
Cave Saint-Hippolyte
Belle sélection de champagnes et de vins de Bordeaux chez ce caviste de Dormans.
1, rue de la Gare, 51700 Dormans
Tél. : 03 26 59 05 88

A EPERNAY
Le Domaine des crus
Large sélection de champagnes et de Bordeaux de tous les formats, ainsi qu'une centaine de spiritueux.
2, rue Henri-Dunant, 51200 Epernay
Tél. : 03 26 54 18 60

Intercaves
Cette chaîne de cavistes présente dans les principales villes de la Marne propose des vins de toutes les régions de France, ainsi que 80 spiritueux.
25, boulevard de la Motte, 51200 Epernay
Tél. : 03 26 32 19 97

A L'EPINE
La Grande Boutique du vin
Des vins de pays aux crus les plus prestigieux, 1000 références de toutes les régions. Belle gamme de champagnes et de bourgognes.
Rue de la Chavée, 51460 L'Epine
Tél. : 03 26 66 96 83 – www.vinscph.com

A HAUTVILLERS
Entre Cave et Jardin
Cette boutique est exclusivement consacrée aux champagnes et compte 250 références, dont de vieux millésimes.
178, rue Henri-Martin, 51160 Hautvillers
Tél. : 03 26 59 39 81

A REIMS
Bordeaux Magnum
Cette belle cave créée par un Champenois, également présente à Bordeaux, d'où le nom du magasin, propose une très belle sélection de vins des principales régions françaises, dont la Champagne.
5, rue de Venise, 51100 Reims – Tél. : 03 26 85 83 00

La Cave à Jules
L'enseigne rassemble 800 vins, de Champagne, du Languedoc-Roussillon, du Rhône, des vins étrangers, des muscats, des vins liquoreux dont de vieux millésimes. Cave à whiskies, portos...
25, rue de Mars, 51100 Reims – Tél. : 03 26 46 10 00

Les Caves du forum
Toutes les régions françaises au travers d'une sélection de 1000 vins de terroir et de vignerons.
10, rue de Courmeaux, 51100 Reims
Tél. : 03 26 79 15 15
www.lescavesduforum.com

Champagne Sélection
Près de 200 champagnes sont réunis ici, ainsi qu'une belle sélection de spiritueux.
18, rue Tronsson-Ducoudray, 51100 Reims
Tél. : 03 26 77 95 65

Chamery, au cœur du parc naturel de la Montagne de Reims.

Les Délices champenois
La Champagne, la Bourgogne et Bordeaux sont particulièrement bien représentés dans cette cave.
2, rue Rockefeller, 51100 Reims – Tél. : 03 26 47 35 25

Inter Caves
Cette chaîne compte 450 références dont Bordeaux, vallée du Rhône, Bourgogne et champagnes de producteurs.
21 bis, avenue Henry-Farman, 51100 Reims
Tél. : 03 26 35 22 22

La Grande Boutique du vin
Des vins de pays aux crus les plus prestigieux, 1 000 références de toutes les régions. Belle gamme de champagnes et de bourgognes.
3, place Léon-Bourgeois, 51100 Reims
Tél. : 03 26 40 12 12 – www.vinscph.com

Le Verre de l'ange
Ce bar à vins-caviste est spécialisé dans les vins bio de toute la France. Très belle sélection.
10, avenue Jean-Jaurès, 51100 Reims
Tél. : 03 26 04 50 69

La Vinocave
Cette belle adresse dispose de 1 000 références dont Champagne, Bordeaux, Languedoc, Bourgogne, et des spiritueux (250) dont armagnacs, rhums...
43, place Drouet-d'Erlon, 51100 Reims
Tél. : 03 26 40 60 07

Le Vintage
Une adresse incontournable à Reims. Le Vintage offre une sélection de haut niveau et possède une cave à whiskies comptant 400 références.
3, cours Anatole-France, 51100 Reims
Tél. : 03 26 40 40 00

A SEZANNE
La cave les Lombards
Une belle adresse qui propose une sélection rigoureuse de vins de Champagne, Bordeaux et Bourgogne. Dégustations régulières et accessoires de cave.
4, rue Bouvier-Sassot, 51120 Sézanne
Tél. : 03 26 42 94 03

▶ Acheter

Acheter des vins à la propriété

En Champagne, seulement la moitié des propriétés ouvrent leurs portes aux visiteurs et vendent leur vin en direct. Mieux vaut téléphoner avant pour prendre rendez-vous et savoir si le vin recherché est encore disponible.

Agrapart et Fils
Ouvert uniquement sur rendez-vous.
A partir de 20 €.
57, avenue Jean-Jaurès, 51190 Avize
Tél. : 03 26 57 51 38 – www.champagne-agrapart.com

Michel Arnould et Fils
Ouvert tous les jours, sur rendez-vous de préférence. A partir de 13,50 €.
28, rue de Mailly, 51360 Verzenay – Tél. : 03 26 49 40 06
www.champagne-michel-arnould.com

Barnaut
Dégustation uniquement du lundi au samedi de 9 h 30 à 12 h et de 14 h à 17 h. Sur rendez-vous en janvier. A partir de 17,50 €.
2, rue Gambetta, BP 19, 51150 Bouzy
Tél. : 03 26 57 01 54 – www.champagne-barnaut.com

Françoise Bedel et Fils
Ouvert le lundi, mardi et jeudi de 9 h à 13 h et de 14 h à 18 h. Les autres jours sur rendez-vous. A partir de 22,80 €.
71, Grande-Rue, 02310 Crouttes-sur-Marne
Tél. : 03 23 82 15 80
www.champagne-francoise-bedel.fr

Bérêche et Fils
Ouvert uniquement sur rendez-vous.
A partir de 18 €.
Le Craon de Ludes, BP 18, 51500 Ludes
Tél. : 03 26 61 13 28
www.champagne-bereche-et-fils.com

Raymond Boulard et Fils
Ouvert sur rendez-vous uniquement du lundi au samedi. A partir de 20 €.
RN 44, 51220 Cauroy-les-Hermonville
Tél. : 03 26 61 50 54 – www.champagne-boulard.fr

Guy Charlemagne
Ouvert du lundi au samedi matin de 9 h à 12 h et de 14 h à 18 h, sur rendez-vous. A partir de 15,60€.
4, rue de la Brêche-d'Oger, 51190 Le Mesnil-sur-Oger
Tél. : 03 26 57 52 98
www.champagneguy-charlemagne.com

Dehours et Fils
Ouvert de 9 h à 12 h et de 14 h à 17 h 30.
Sur rendez-vous samedi et dimanche.
A partir de 20 €.
2, rue de la Chapelle, 51700 Cerseuil
Tél. : 03 26 52 71 75 – www.champagne-dehours.fr

De Sousa
Ouvert uniquement sur rendez-vous.
A partir de 25,50 €.
12, place Léon-Bourgeois, 51190 Avize, et dans la boutique Influence du terroir, 8, rue du Marché, 51190 Avize – Tél. : 03 26 57 53 29
www.champagnedesousa.com

Drappier
Ouvert du lundi au samedi de 8 h à 12 h et de 14 h à 18 h. A partir de 26 €.
Rue des Vignes, 10200 Urville – Tél. : 03 25 27 40 15
www.champagne-drappier.com

Duval-Leroy
Ouvert du lundi au vendredi de 9 h à 12 h et de 13 h 30 à 17 h sur rendez-vous uniquement. A partir de 31 €.
69, avenue de Bammental, 51130 Vertus
Tél. : 03 26 52 10 75 – www.duval-leroy.com

Egly-Ouriet
Ouvert du lundi au vendredi de 9 h à 12 h et de 14 h à 18 h, le samedi matin sur rendez-vous. A partir de 22 €.
9-15, rue de Trépail, 51150 Ambonnay
Tél. : 03 26 57 00 70

Michel Genet
Ouvert du lundi au vendredi de 9 h à 11 h 30 et de 14 h à 17 h 30. Samedi sur rendez-vous. A partir de 15 €.
22, rue des Partelaines, 51530 Chouilly
Tél. : 03 26 55 40 51 – www.michelgenet.com

Pierre Gimonnet et Fils
Dégustation uniquement du lundi au vendredi de 8 h 30 à 12 h et de 14 h 15 à 18 h, samedi matin sur rendez-vous.
A partir de 21,50 €.
1, rue de la République, 51530 Cuis
Tél. : 03 26 59 78 70 – www.champagne-gimonnet.com

Ci-dessus : Cuis sous la neige.

Gonet-Médeville
Ouvert uniquement sur rendez-vous.
A partir de 15,50 €.
1, chemin de la Cavotte, 51150 Bisseuil
Tél. : 03 26 57 75 60 – gonet.medeville@wanadoo.fr

Jean Lallement et Fils
Ouvert uniquement sur rendez-vous.
A partir de 14,70 €.
1, rue Moët-et-Chandon, 51360 Verzenay
Tél. : 03 26 49 43 52 – alex.lallement@wanadoo.fr

Larmandier-Bernier
Ouvert du lundi au samedi sur rendez-vous. A partir de 23 €.
19, avenue du Général-de-Gaulle, 51130 Vertus
Tél. : 03 26 52 13 24 – www.larmandier.com

Laurent-Perrier
Ouvert uniquement sur rendez-vous.
A partir de 35 €.
32, avenue de Champagne, 51150 Tours-sur-Marne
Tél. : 03 26 58 91 22 – www.laurent-perrier.com

Marie-Noëlle Ledru
Ouvert tous les jours sur rendez-vous.
A partir de 17,20 €.
5, place de la Croix, 51150 Ambonnay
Tél. : 03 26 57 09 26 – info@champagne-mnledru.com

Pierre Moncuit
Ouvert du lundi au vendredi de 9 h à 12 h et de 14 h à 18 h, le samedi de 10 h 30 à 12 h 30 et de 14 h 30 à 18 h. A partir de 15,80 €.
11, rue Persault-Maheu, 51190 Le Mesnil-sur-Oger
Tél. : 03 26 57 52 65 – www.pierre-moncuit.fr

Taittinger
Ouvert de mi-mars à mi-novembre pour les visites, tous les jours et jours fériés de 9 h 30 à 13 h et de 14 h à 17 h 30 (derniers départs à 12 h et 16 h 30). De mi-novembre à mi-mars, du lundi au vendredi et fermeture les jours fériés, horaires identiques. A partir de 33 €.
9, place Saint-Nicaise, 51100 Reims
Tél. : 03 26 85 45 35 – www.taittinger.com

▶ **A**cheter

La cote des vins

La cote constatée en 2008 des principaux crus de la région, concernant les meilleurs millésimes depuis quinze ans, dans les ventes aux enchères organisées en France.

			1999	1998
Bollinger	Grande Année	*Blanc*	45-55 €	45-55 €
Bollinger	R.D.	*Blanc*		
Bollinger	Vieilles Vignes Françaises	*Blanc*	380-420 €	350-400 €
Deutz	Blanc de Blancs	*Blanc*		35-40 €
Deutz	Amour de Deutz	*Blanc*	75-85 €	80-90 €
Deutz	Cuvée William Deutz	*Blanc*	70-80 €	60-70 €
Jacquesson	Brut Millésimé	*Blanc*		
Krug	Brut Vintage	*Blanc*		160-180 €
Krug	Clos du Mesnil	*Blanc*		550-650 €
Krug	Grande Cuvée	*Blanc*	90-110 €	
Laurent Perrier	Cuvée Alexandra	*Rosé*		160-180 €
Laurent Perrier	Grand Siècle	*Blanc*		
Louis Roederer	Cristal	*Rosé*	220-250 €	
Louis Roederer	Cristal	*Blanc*	130-140 €	
Moët & Chandon	Dom Pérignon	*Blanc*	100-105 €	100-105 €
Moët & Chandon	Dom Pérignon	*Rosé*	100-120 €	250-280 €
Perrier Jouët	Cuvée Belle Epoque	*Blanc*	75-85 €	60-70 €
Pol Roger	Brut Millésimé	*Blanc*	45-50 €	
Pommery	Cuvée Louise	*Blanc*		80-90 €
Ruinart	Dom Ruinart	*Rosé*		
Ruinart	Dom Ruinart	*Blanc*		90-100 €
Salon Cuvée "S"		*Blanc*		
Taittinger	Comtes de Champagne	*Blanc*	65-75 €	75-85 €
Taittinger Collection		*Blanc*		70-80 €
Veuve Clicquot Ponsardin	La Grande Dame	*Blanc*		100-120 €

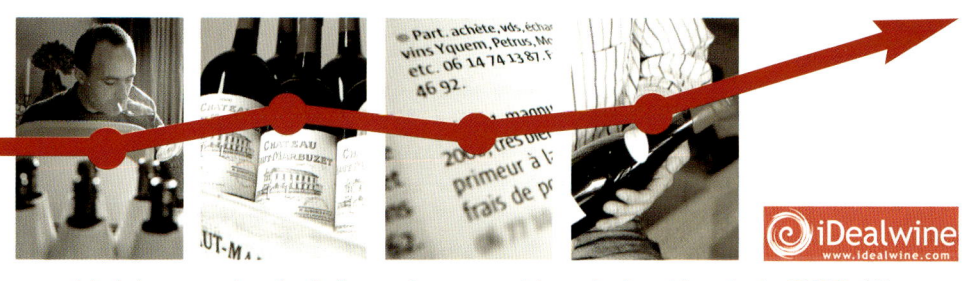

www.idealwine.com : les plus belles ventes aux enchères de vins et la cote de 60000 références.

1996	1995	1990	1989	1988	1985	1982
100-120 €	60-65 €	120-130 €	80-85 €	70-80 €	180-190 €	120-130 €
100-110 €	100-110 €	120-130 €		125-135 €	150-160 €	110-130 €
590-600 €	500-550 €	650-700 €	700-850 €	460-470 €	890-900 €	540-560 €
55-60 €		80-90 €	60-70 €	50-55 €	50-55 €	
	90-100 €					
100-110 €	75-85 €	130-140 €		90-110 €	80-90 €	130-150 €
60-70 €	35-40 €	60-65 €	45-50 €			
140-160 €	190-210 €	210-220 €	155-165 €	190-200 €	170-180 €	260-280 €
700-800 €	400-450 €	500-550 €	365-375 €	415-430 €	510-520 €	400-430 €
	185-195 €	180-200 €	185-195 €		360-370 €	300-310 €
		160-180 €		115-125 €	100-110 €	105-115 €
	100-120 €	100-120 €		80-90 €	80-90 €	100-120 €
360-400 €	400-440 €	650-800 €	550-750 €	480-550 €	480-550 €	
220-230 €	180-190 €	280-290 €	200-210 €	210-230 €	195-205 €	265-275 €
140-145 €	135-140 €	180-190 €		160-170 €	160-170 €	170-180 €
200-220 €	220-250 €	300-340 €		220-250 €	160-180 €	240-280 €
55-60 €	65-75 €	90-100 €	70-75 €	85-90 €	70-75 €	60-65 €
50-55 €	35-40 €					60-65 €
80-90 €	60-65 €	110-120 €	68-73 €	75-80 €	65-75 €	
120-140 €		100-110 €		100-110 €	150-170 €	
80-90 €		100-110 €		95-105 €	125-135 €	100-110 €
160-170 €	170-190 €	235-240 €		255-260 €	245-250 €	300-310 €
83-88 €	80-85 €	100-110 €	70-80 €	90-100 €	160-170 €	130-140 €
105-115 €	85-95 €	95-100 €	85-95 €	130-140 €	140-150 €	130-140 €
		110-120 €		100-110 €	110-120 €	100-110 €

Calculées à partir des résultats de ventes aux enchères, les cotations iDealwine.com intègrent le prix d'adjudication au marteau, augmenté des frais de vente prélevés par le commissaire-priseur.

S

5
servir

Comment **servir** et bien **déguster** ses vins	70
Accords parfaits	
Huîtres aux perles de pomme verte	72
Endives et saint-jacques	74
Dinde rôtie sauce aux morilles	76
Gratin de fruits rouges au romarin	78

▶ Servir

Comment servir et bien déguster ses vins

Meilleur sommelier du monde 1992, Philippe Faure-Brac nous livre, dans cette interview, tous ses secrets pour servir et déguster les champagnes dans de bonnes conditions.

conseils d'EXPERT

Philippe Faure-Brac
Meilleur sommelier du monde 1992

Quelle est la température de service idéale pour les champagnes ?
C'est très variable. Un champagne classique, brut sans année, doit se servir aux alentours de 7-8 °C. Pour un cru millésimé ou une grande cuvée de plusieurs années, on peut aller jusqu'à 12 °C.

Doit-on nécessairement les servir en carafe ?
Il existe une certaine tradition de service en carafe en ce qui concerne les champagnes demi-secs qui présentent un caractère un peu sucré et que l'on appelle des champagnes de dessert. Pour les autres types de champagnes, il est rare que cela soit nécessaire.

Peut-on boire les champagnes dès leur prime jeunesse ou faut-il attendre quelques années ?
La plupart des champagnes commercialisés sont prêts à être consommés immédiatement. C'est la tradition champenoise. Les maisons conservent en cave leurs crus au moins quinze mois avant de les commercialiser, et trois ans pour les cuvées millésimées. Mais les grandes maisons attendent souvent cinq ans. Si bien que lorsque l'on achète une bouteille, on peut la boire tout de suite. Un brut sans année peut être conservé quelques mois après avoir été acheté, mais dans de bonnes conditions, dans une cave. Enfin, les champagnes millésimés possèdent la structure qui leur permet de se garder plus longtemps. Dans ce cas, il faut se souvenir de la date d'achat, c'est elle qui prime et non la date du millésime.

Comment les champagnes vieillissent-ils sur le plan aromatique ?
Bien qu'il n'y ait qu'une seule appellation, il existe une grande variété de champagnes. Mais lorsque l'on goûte un cru, il présente le trio classique minéralité (accentuée par le gaz carbonique), notes florales et notes fruitées. Avec l'âge, le champagne évolue et s'oriente vers des arômes de noisette, d'agrumes ou de fruits, en fonction du cépage. La minéralité demeure, mais, avec le temps, la bulle va s'affiner et se faire plus discrète. En fait, lorsque l'on déguste un champagne jeune, on perçoit d'abord les bulles et ensuite le vin, alors que pour un champagne d'un certain âge, le vin apparaît en premier, les bulles ensuite.

Quelle est leur date d'apogée ?
Un brut sans année atteint son apogée dans l'année qui suit sa commercialisation. Pour un champagne millésimé et en fonction des années, il faut compter globalement une dizaine d'années après le millésime de vendange. Mais l'apogée varie selon les maisons : certains crus de 1990 commencent tout juste à se révéler.

Comment peut-on conserver une bouteille de champagne ouverte ?
Il faut utiliser le bouchon le plus hermétique possible de manière à pouvoir conserver le maximum de gaz carbonique. Mais la durée de conservation de la bouteille dépend du niveau de vin et du nombre de fois qu'on la débouche, car à chaque fois on perd du gaz. Bien évidemment, il est important de la conserver au réfrigérateur, sachant qu'une bouteille de champagne entamée se conservera de un à quelques jours.

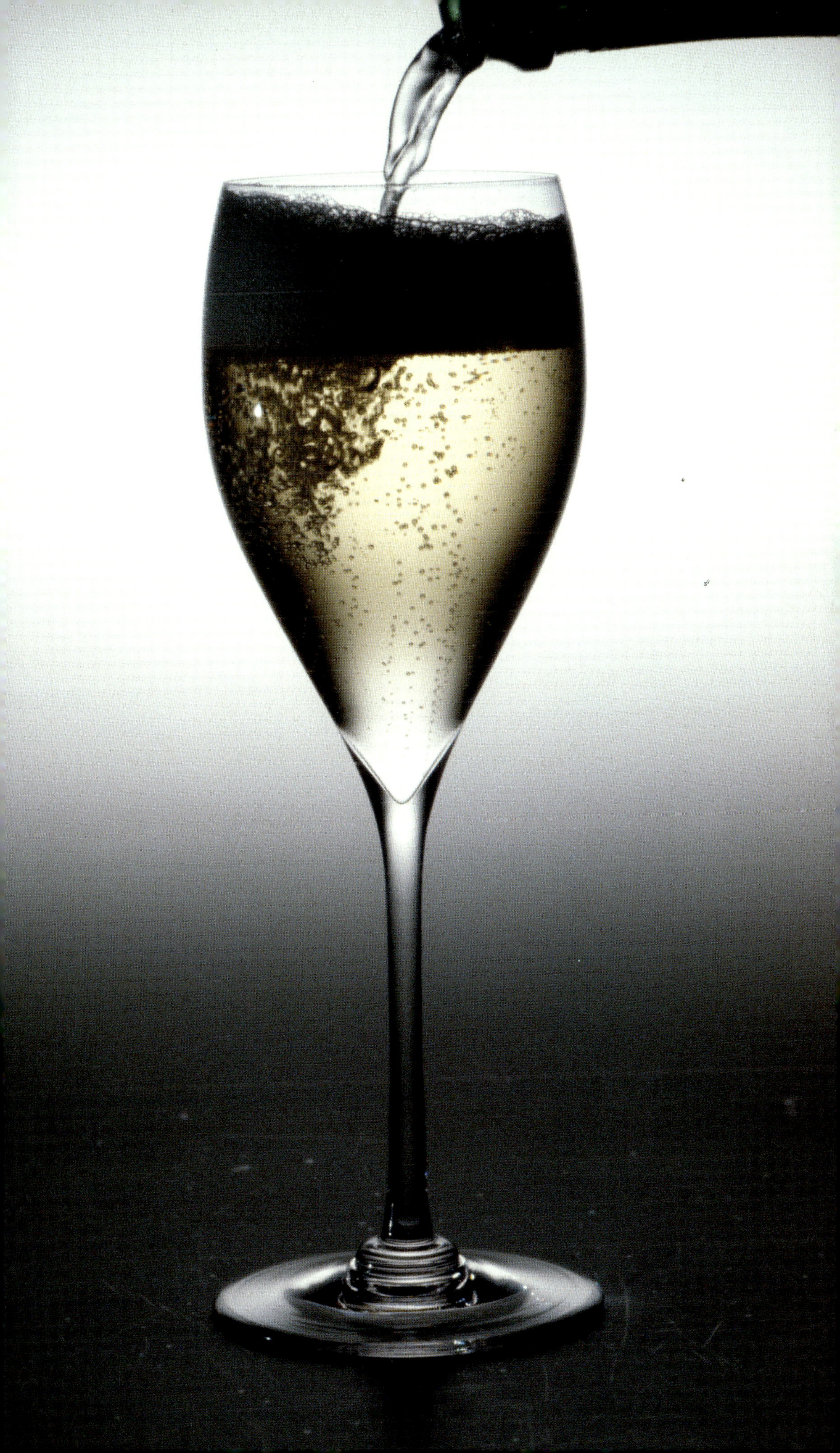

▶ **S**ervir

Champagne
Accords parfaits

Le champagne, comme le vin, est un excellent convive. Voici quelques recettes choisies pour mettre à l'honneur toute la palette aromatique des champagnes.

Trop souvent cantonné à l'apéritif, le champagne est, on ne le sait que trop peu, un formidable vin de gastronomie. Si on peut effectivement servir les cuvées brut non millésimées, à savoir les entrées de gamme des maisons, en préambule du repas, il ne faut pas hésiter à conserver les grandes cuvées millésimées pour la table. Les « blanc de blancs », aux notes fines et délicates, font merveille sur les poissons légèrement crémés, la vivacité de la bulle et l'acidité naturelle du champagne apportant du dynamisme au plat. Les cuvées à base de pinot, plus structurées, ne craignent pas les viandes blanches, comme la volaille ou le veau. Un ris de veau aux cèpes et un Bollinger RD 97 sont ainsi faits l'un pour l'autre. Pour ceux qui souhaitent élaborer tout un repas au champagne, un grand rosé et une tarte de fruits rouges forment un superbe duo pour clore les agapes.

Huîtres aux perles de pomme verte

Réalisation : facile et rapide
Préparation : 20 minutes
Cuisson : 15 minutes environ

Ingrédients

Pour 4 personnes
- 16 **huîtres** Perle Blanche
- 50 g de **pousses d'épinard**
- 50 g d'**oignon**
- 1 gousse d'**ail**
- 1 **pomme Granny-Smith**
- 20 g de **beurre**
- 1 cuillerée à soupe d'**huile d'olive**
- 4 feuilles de **gélatine**
- **poivre du moulin**

■ Suggestion d'accord
Un champagne brut non dosé
Voir page 80, 82

Recette

① **Les épinards** : peler ail et oignons, les émincer, laver les pousses d'épinard et les essorer. Faire chauffer le beurre et l'huile dans une poêle, ajouter oignon et ail, tourner, faire cuire 5 min, ajouter les épinards, tourner encore et laisser cuire 8 min à feu doux.

② **Les huîtres** : mettre la gélatine dans de l'eau froide. Ouvrir les huîtres, les détacher de leur coquille, verser l'eau dans une passoire au-dessus d'une casserole et mettre les huîtres dans un saladier. Garder les coquilles creuses.

③ **La gelée** : faire chauffer l'eau des huîtres, ajouter les feuilles de gélatine, laisser fondre à feu doux, poivrer, y plonger les huîtres, laisser cuire 10 secondes. A l'aide d'une fourchette, retirer les huîtres du jus de cuisson, les poser sur une assiette, réserver huîtres et gelée au frais.

④ **Pour servir** : couper la pomme en deux, y détacher des petites billes à l'aide d'une mini-cuillère parisienne. Répartir les épinards dans les coquilles réservées, y déposer une huître, quelques perles de pomme et des dés de gelée. Servir les huîtres sur un lit de gros sel.

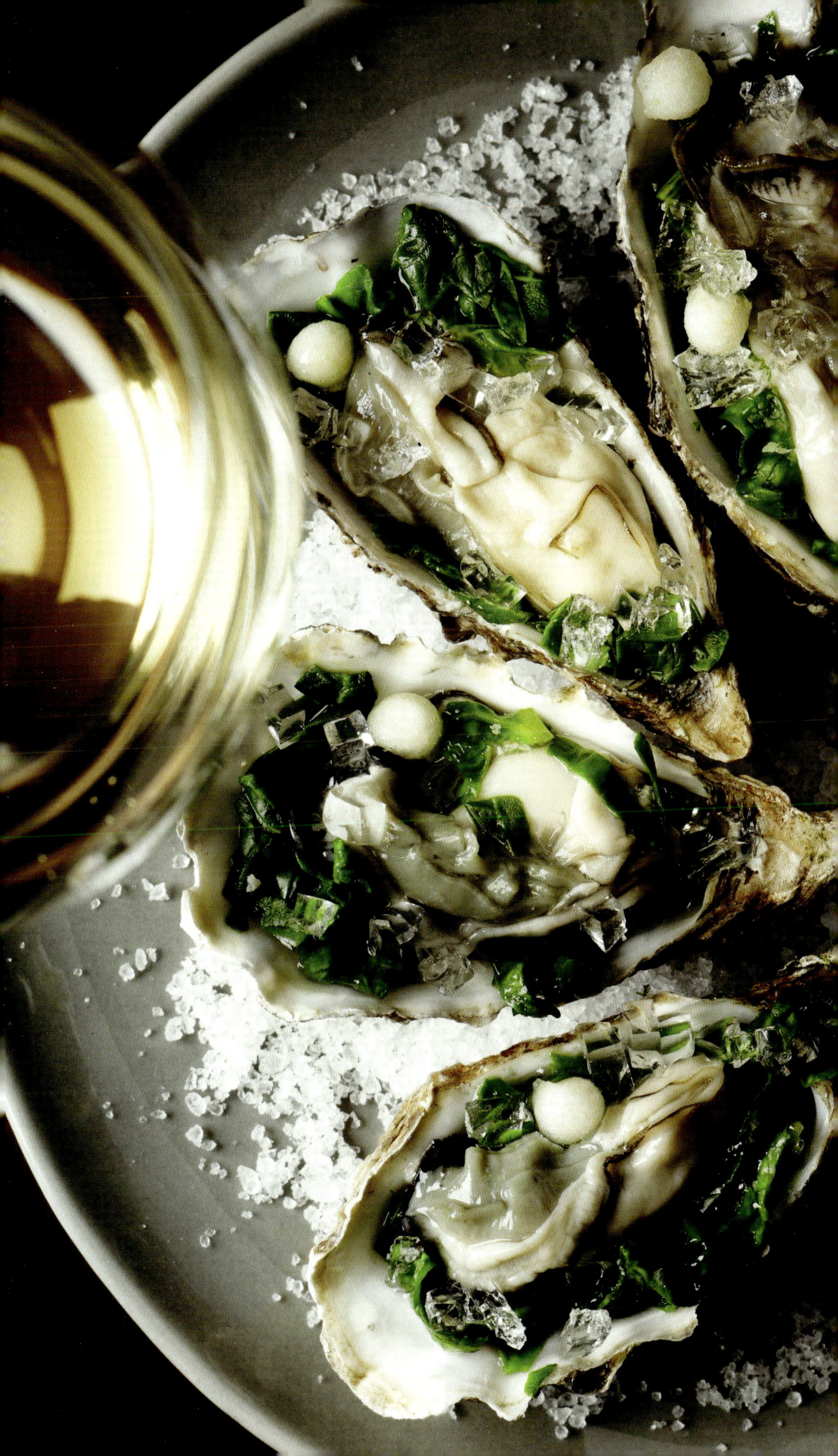

▶ **S**ervir

Champagne
Endives et saint-jacques

Réalisation : facile
Préparation : 15 minutes
Cuisson : 30 minutes

Ingrédients

Pour 4 personnes
- 2 **endives blanches**
- 2 **endives rouges**
- 1 **pomme Granny-Smith**
- 8 noix de **saint-jacques**
- 2 **citrons verts**
- 1 cuillerée à café de **baies roses**
- 4 cuillerées à soupe d'**huile d'olive**
- **fleur de sel, poivre du moulin**

- Suggestion d'accord
Un champagne blanc de blancs 2002

Recette

① Rincer, sécher les noix de saint-jacques, les détailler en fines rondelles dans l'épaisseur, les disposer dans un plat creux.

② Râper le zeste des citrons, le répartir sur les noix de saint-jacques, les napper de la moitié de l'huile d'olive. Parsemer de baies roses, recouvrir d'un film alimentaire, laisser mariner au frais 30 min.

③ Réserver les plus grandes feuilles externes des endives, émincer le reste.

④ Laver la pomme, la détailler en cubes de 1/2 cm, les citronner légèrement pour éviter qu'ils ne noircissent, les mélanger à l'émincé d'endives, arroser avec l'huile restante et le jus de citron, saler.

⑤ Répartir le mélange pommes-endives dans les feuilles réservées, disposer par-dessus les rondelles de noix de saint-jacques en les faisant se chevaucher. Parsemer de fleur de sel et d'un tour de poivre du moulin.

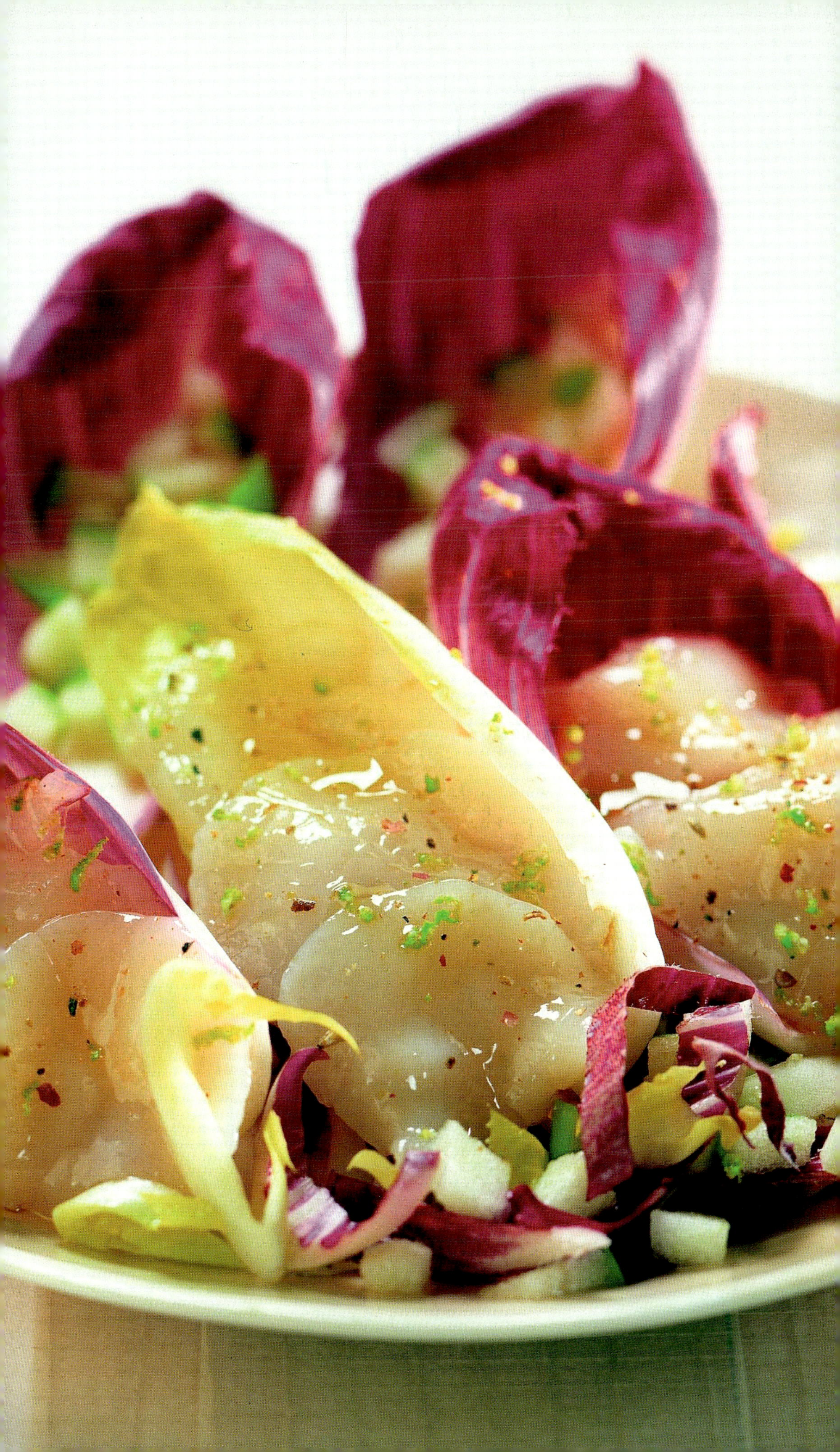

▶ Servir

Dinde rôtie sauce aux morilles

Réalisation : facile

Préparation : 20 minutes

Cuisson de la dinde : 2 heures

Cuisson de la sauce : 20 minutes environ

Ingrédients

Pour 6 personnes

- 1 **dinde** de 2,5 kg environ

La sauce

- 80 g de **morilles séchées**
- 80 g de **beurre**
- 2 **échalotes**
- 1 dl de **vin blanc sec**
- 3 brins de **thym**
- 1 feuille de **laurier**
- 1 **oignon**
- 2,5 dl de **crème liquide**
- **sel, poivre**

Accompagnement

- 18 **pommes de terre violettes** (Virelotte)
- 12 **mini-navets**

- Suggestion d'accord

Une grande cuvée millésimée 1996

Voir page 82

Recette

① Allumer le four th 6.

② Placer le thym, le laurier et l'oignon à l'intérieur de la dinde, saler, poivrer. Masser légèrement la dinde, avec 2 cuillerées à soupe d'huile, saler, la laisser cuire au four 2 h.

③ 30 minutes avant la fin de la cuisson, préparer la sauce. Rincer bien les morilles sous l'eau froide. Emincer finement les échalotes.

④ Faire fondre le beurre dans une sauteuse, y ajouter les échalotes et faire cuire 5 min à feu doux en les tournant souvent. Verser le vin, faire cuire 5 min à feu vif, ajouter les morilles égouttées, tourner, laisser cuire encore 5 min à feu vif, ajouter la crème, saler, poivrer, baisser le feu et laisser cuire 20 min à feu doux. Retirer les morilles à l'aide d'une écumoire, filtrer la crème, remélanger le tout et garder au chaud.

⑤ Lorsque la dinde est cuite, la découper, poser les morceaux dans le plat de service, dégraisser le jus de cuisson, puis déglacer avec une cuillère à soupe d'eau et verser dans la sauce aux morilles.

⑥ Cuire les pommes de terre et les navets épluchés séparément 15 min à l'eau bouillante salée.

⑦ Servir la dinde entourée des navets et des pommes de terre, napper avec la sauce crème morille. Placer le reste en saucière.

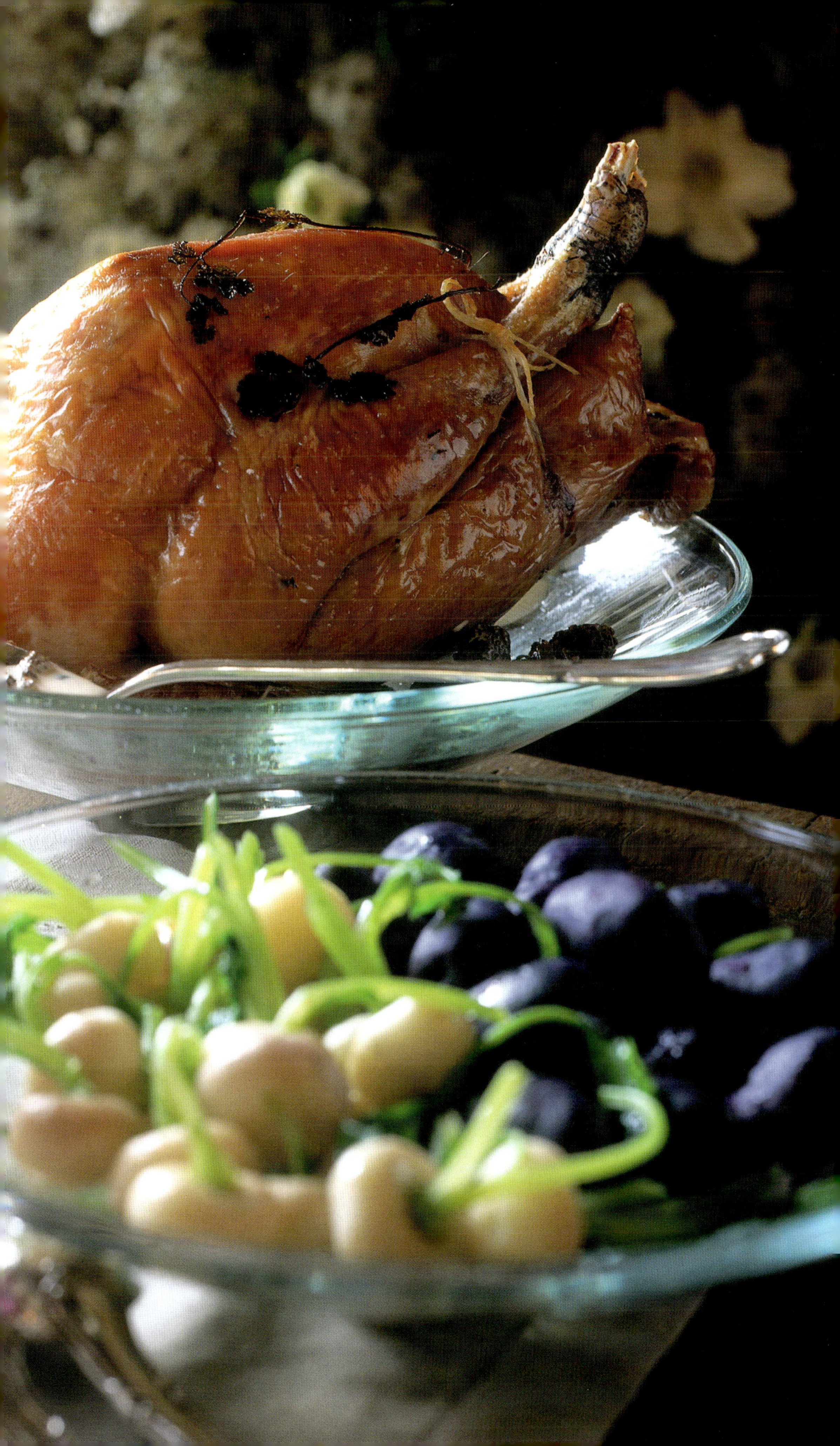

▶ Servir

Gratin de fruits rouges au romarin

Réalisation : rapide et facile
Préparation : 10 minutes
Cuisson : 10 minutes

Ingrédients

Pour 6 personnes

- 600 g de **fruits rouges**

(fraises, framboises, mûres, groseilles)

- 3 œufs
- 50 g de **sucre semoule**
- 50 g de **crème liquide** très froide
- 2 branches de **romarin** frais

- Suggestion d'accord

Un champagne rosé
Voir page 80

Recette

① Le romarin : verser 2 dl d'eau dans une casserole, ajouter le romarin, porter à ébullition et laisser cuire 5 min. Puis filtrer, porter de nouveau à ébullition et laisser réduire à feu doux jusqu'à l'obtention de 1/2 dl de décoction.

② Les fruits rouges : laver les fraises et les groseilles, les équeuter, les mettre dans un saladier, ajouter les autres fruits, poudrer d'une cuillerée à soupe de sucre et mélanger. Allumer le gril du four.

③ La crème : verser la crème dans un saladier et la fouetter. Casser les œufs dans un autre saladier, ajouter le sucre restant, fouetter, incorporer la décoction de romarin, puis ajouter la crème fouettée.

④ Pour servir : répartir les fruits dans six coupelles ou verres bas, répartir la crème sur les fruits, glisser les coupelles sous le gril du four et laisser dorer 2 à 3 min. Retirer du four et servir aussitôt.

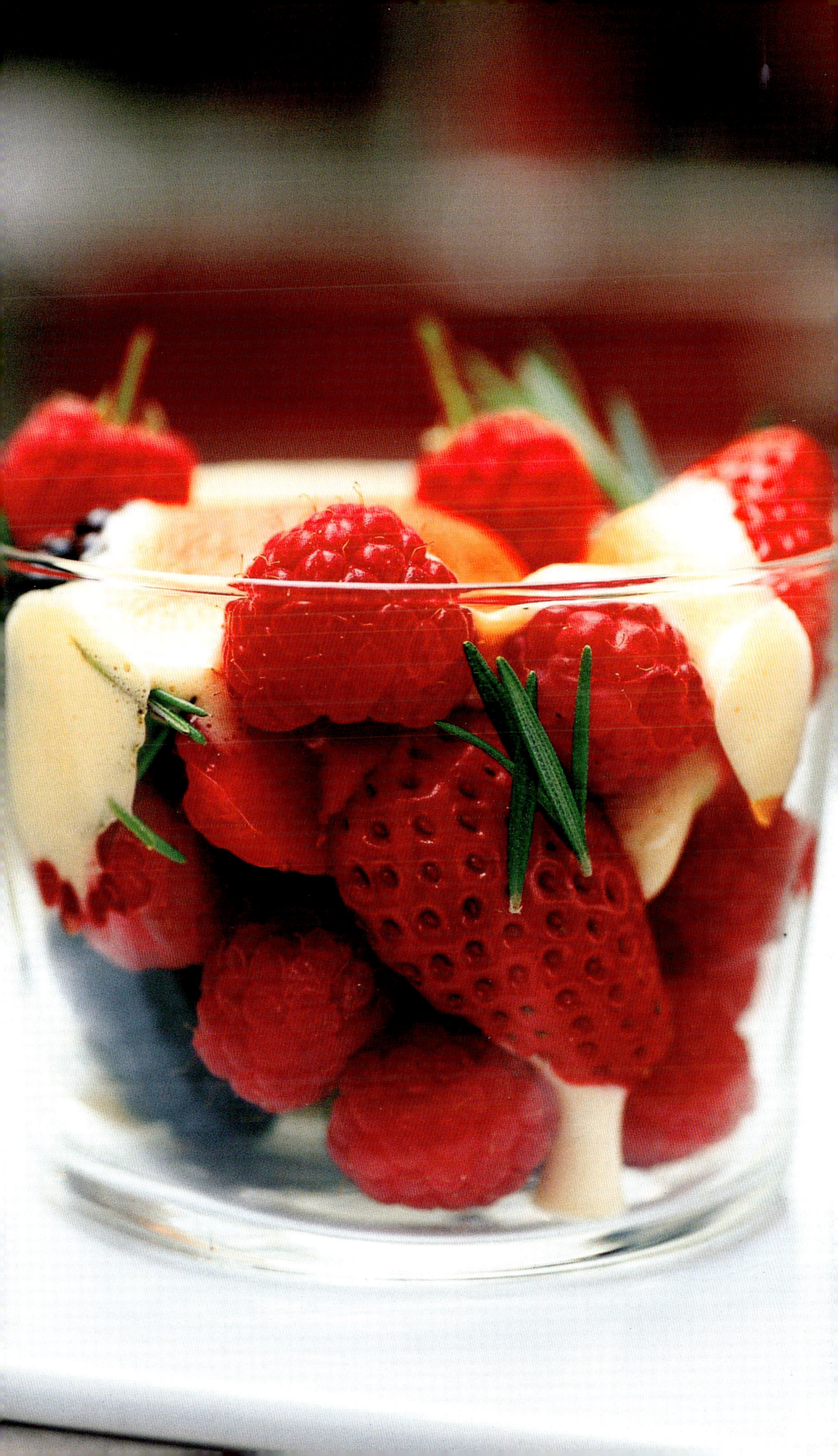

G

6

garder

Constituer **votre cave**	82
Notre sélection :	
à boire dans les **2 ans**	84
à boire dans les **5 ans**	86
à boire dans les **10 ans et plus**	88

▶ **G**arder

Constituer votre cave

Choisir des champagnes se fait en fonction de plusieurs facteurs comme le budget, la taille de la cave, mais surtout, le temps que l'on désire consacrer à la conservation des bouteilles. Voici donc trois sélections pour ne plus se tromper.

La grande particularité des champagnes, contrairement aux autres vins, est de pouvoir être consommés dès leur mise sur le marché. Cette remarque est surtout valable pour les crus génériques, mais les maisons respectables élaborent aujourd'hui des champagnes qui méritent quelques années de patience pour atteindre leur apogée. D'où cette sélection de cuvées réparties en trois grandes catégories. Si la première sélection se concentre sur des cuvées plutôt abordables, plus on monte dans le degré de conservation, plus les prix grimpent dans les mêmes proportions. La dernière catégorie révélant surtout des crus, parmi les plus mythiques de Champagne. Les incroyables Krug, Bollinger, Salon ou Roederer sont ainsi à l'honneur. Mais pour les apprécier pleinement dans dix ou vingt ans, encore faut-il pouvoir les conserver dans de bonnes conditions. Les champagnes méritent en effet une cave fraîche pour vieillir longuement.

A boire dans les 2 ans

Le but des champagnes étant de pouvoir être bus dès leur mise à disposition sur le marché, si l'on désire en conserver en cave pour les laisser s'épanouir quelques années, il faut oublier les cuvées d'entrée de gamme pour se tourner vers les champagnes structurés pour vieillir, c'est-à-dire provenant généralement des bonnes maisons champenoises. C'est la raison pour laquelle on retrouve au sein de cette sélection une grande variété de cuvées, à des prix allant de 14,40 € à 120 €, provenant aussi bien d'excellents petits propriétaires que de grandes maisons comme Bollinger et son Spécial Cuvée, ou encore Charlie 1985 de Charles Heidsieck.

A boire dans les 5 ans

Au sein de cette catégorie, on recense un grand nombre de champagnes millésimés élaborés principalement par des vignerons ou de petites maisons comme Edmond Barnaut, Paul Bara, Pierre Gimonnet et Fils ou encore Marie-Noëlle Ledru. Autant de maisons qui brillent par la qualité de leur production, certes plus confidentielle que les grandes marques, mais en qui l'on peut avoir confiance pour produire des champagnes d'une grande finesse aptes à vieillir et à s'épanouir au cours des cinq prochaines années.

A boire dans les 10 ans

Celui ou celle qui a eu la chance de déguster récemment les plus prestigieuses cuvées de Bollinger ou de Krug des années vingt comprend combien le champagne peut posséder d'exceptionnelles aptitudes au vieillissement. Mais seuls les très grands vins ont cette capacité de traverser le temps sans dommage. Cette dernière sélection réunit les principaux spécimens de cette gamme de champagnes exceptionnels. On retrouve ainsi les plus grandes maisons (Salon, Krug, Bollinger, Roederer, Billecart-Salmon, Ruinart, Dom Pérignon), comme les plus talentueux vignerons de cette génération, capable de produire des cuvées d'anthologie. Selosse, de Sousa, Jean Vesselle, Pierre Moncuit font partie de cette élite chez qui l'on peut s'appuyer pour constituer une très belle cave de champagnes.

En haut : la cave de Morize P. et F. au Riceys.
En bas : chez Drappier, cave cistercienne abritant des magnums.

▶ **Garder**

Notre sélection à boire dans les 2 ans

Pourquoi attendre trop longtemps. Ce sont des champagnes immédiats, fruités et gourmands, que l'on peut boire avec beaucoup de plaisir dès à présent et dans les deux années à venir.

■ **Bollinger Brut Spécial Cuvée** (50 € – 16/20)
16, rue Jules-Lobet, BP 4, 51160 Aÿ
Tél. : 03 26 53 33 66
www.champagne-bollinger.fr
contact@champagne-bollinger.fr

■ **Billecart-Salmon Brut réserve**
(34,10 € – 15/20)
40, rue Carnot, 51160 Mareuil-sur-Aÿ
Tél. : 03 26 52 60 22 – www.champagne-billecart.fr
billecart@champagne-billecart.fr

■ **Charles Heidsieck Charlie 1985**
(120 € – 19,5/20)
12, allée du Vignoble, 51100 Reims
Tél. : 03 26 84 43 50 – www.charlesheidsieck.com

■ **Deutz Brut Rosé** (40 € – 13/20)
16, rue Jeanson, BP 9, 51160 Aÿ
Tél. : 03 26 56 94 00 – www.champagne-deutz.com
france@champagne-deutz.com

■ **Henriot Brut Souverain** (28 € – 14,5/20)
81, rue Coquebert, 51100 Reims
Tél. : 03 26 89 53 00 – www.champagne-henriot.com
contact@champagne-henriot.com

■ **Jacquesson Cuvée n° 732**
(34,50 € – 15,5/20)
68, rue du Colonel-Fabien, 51530 Dizy
Tél. : 03 26 55 68 11 – www.champagnejacquesson.com
info@champagnejacquesson.com

■ **Larmandier-Bernier Brut Premier Cru Tradition** (23 € – 14/20)
19, avenue Général-de-Gaulle, 51130 Vertus
Tél. : 03 26 52 13 24 – www.larmandier.com
champagne@larmandier.fr

■ **Louis Roederer Brut Premier** (36 € – 14/20)
21, boulevard Lundy, 51100 Reims
Tél. : 03 26 40 42 11 – www.champagne-roederer.com
com@champagne-roederer.com

■ **Veuve Clicquot Ponsardin Brut Rosé**
(38,90 € – 14/20)
12, rue du Temple, 51100 Reims
Tél. : 03 26 89 54 40 – www.veuve-clicquot.com

■ **Gatinois Brut Grand Cru Réserve**
(17,40 € – 16/20)
7, rue Marcel-Mailly, 51160 Aÿ
Tél. : 03 26 55 14 26 – champ-gatinois@hexanet.fr

■ **Gosset Brut Grand Rosé** (40 € – 15/20)
69, rue Jules-Blondeau, BP 7, 51160 Aÿ – Tél. : 03 26 56 99 56
www.champagne-gosset.com – info@champagne-gosset.com

■ **Jean Lallement et Fils Brut Tradition**
(14,70 € – 15/20)
1, rue Moët-et-Chandon, 51360 Verzenay
Tél. : 03 26 49 43 52 – alex.lallement@wanadoo.fr

■ **Bérêche et Fils Brut Réserve** (18 € – 13,5/20)
Le Craon de Ludes, BP18, 51500 Ludes – Tél. : 03 26 61 13 28
www.champagne-bereche-et-fils.com
info@champagne-bereche-et-fils.com

■ **Raymond Boulard et Fils Brut Blanc de Blancs**
(22 € – 14/20)
RN 44, 51220 Cauroy-les-Hermonville – Tél. : 03 26 61 50 54
www.champagne-boulard.fr – contact@champagne-boulard.fr

■ **Champagne Roger Coulon Brut Premier Cru Grande Réserve** (18,20 € – 14,5/20)
12, rue de la Vigne-du-Roy, 51390 Vrigny – Tél. : 03 26 03 61 65
www.champagne-coulon.com – contact@champagne-coulon.com

■ **Diebolt-Vallois Brut Blanc de Blancs Prestige Cramant** (20,40 € – 15/20)
84, rue Neuve, 51530 Cramant
Tél. : 03 26 57 54 92 – diebolt.vallois@orange.fr

■ **Gonet-Médeville Premier Cru Blanc de Noirs**
(19 € – 15,5/20)
1, chemin de la Cavotte, 51150 Bisseuil
Tél. : 03 26 57 75 60 – gonet.medeville@wanadoo.fr

■ **Moët et Chandon Brut Impérial** (27 € – 12,5/20)
20, avenue de Champagne, 51200 Epernay
Tél. : 03 26 51 20 00 – www.moet.com

■ **Roger Pouillon et Fils Brut Réserve**
(15,50 € – 14/20)
3, rue de la Couple, 51160 Mareuil-sur-Aÿ
Tél. : 03 26 52 60 08 – www.champagne-pouillon.com
contact@champagne-pouillon.com

■ **François Secondé Brut Grand Cru**
(14,40 € – 13,5/20)
6, rue des Galipes, 51500 Sillery
Tél. : 03 26 49 16 67 – francois.seconde@wanadoo.fr

■ **Tarlant Brut Prestige Rosé 1998** (29 € – 15,5/20)
51480 Œuilly – Tél. : 03 26 58 30 60
www.tarlant.com – champagne@tarlant.com

Les prix indiqués sont TTC, ils sont fournis à titre indicatif et correspondent au cours du champagne auprès des négociants ou des propriétés pour les particuliers. Un carré rose avant le nom du champagne signifie que l'on a affaire à un champagne rosé, un carré blanc… à un champagne blanc.

La cave Pommery, à Reims.

▶ **Garder**

Champagne

Notre sélection à boire dans les 5 ans

Laissez-les donc reposer encore quelque temps, qu'ils s'épanouissent dans le silence de votre cave, et ces champagnes seront parfaits à déguster dans les cinq années à venir.

■ **Henriot Cuvée des Enchanteleurs 1995**
(100 € cav. – 19/20)
81, rue Coquebert, 51100 Reims – Tél. : 03 26 89 53 00
www.champagne-henriot.com – contact@champagne-henriot.com

■ **Jacquesson Dizy Terres Rouges, Rosé 2003**
(55 € – 16/20)
68, rue du Colonel-Fabien, 51530 Dizy – Tél. : 03 26 55 68 11
www.champagnejacquesson.com
info@champagnejacquesson.com

■ **Paul Bara Brut Grand Cru Comtesse Marie de France 1998** (30 € – 16/20)
4, rue Yvonnet, 51150 Bouzy – Tél. : 03 26 57 00 50
www.champagnepaulbara.com

■ **Barnaut Extra-Brut Grand Cru Sélection**
(18,50 € – 15,5/20)
2, rue Gambetta, BP 19, 51150 Bouzy – Tél. : 03 26 57 01 54
www.champagne-barnaut.com – contact@champagne-barnaut.fr

■ **Duval-Leroy Brut 1996** (41 € – 16/20)
69, avenue de Bammental, 51130 Vertus – Tél. : 03 26 52 10 75
www.duval-leroy.com – champagne@duval-leroy.com

■ **Pierre Gimonnet et Fils Brut Premier Cru Fleuron 2002** (27,50 € – 16,5/20)
1, rue de la République, 51530 Cuis – Tél. : 03 26 59 78 70
www.champagne-gimonnet.com
info@champagne-gimonnet.com

■ **Alfred Gratien Brut Cuvée Paradis**
(65 € – 16,5/20)
30, rue M.-Cerveaux, BP 3, 51201 Epernay – Tél. : 03 26 54 38 20
www.alfredgratien.com – contact@alfredgratien.com

■ **Marie-Noëlle Ledru Brut Grand Cru Nature 1999** (28,60 € – 18/20)
5, place de La-Croix, 51150 Ambonnay
Tél. : 03 26 57 09 26 – info@champagne-mnledru.com

■ **Mailly Grand Cru Brut Grand Cru Les Echansons 1998** (70 € cav. – 17/20)
28, rue de la Libération, 51500 Mailly-Champagne
Tél. : 03 26 49 41 10 – www.champagne-mailly.com
contact@champagne-mailly.com

■ **Joseph Perrier Brut Joséphine 1998**
(100 € cav. – 16,5/20)
69, avenue de Paris, BP 31, 51016 Châlons-en-Champagne
Tél. : 03 26 68 29 51 – www.josephperrier.fr
contact@josephperrier.fr

■ **Roses de Jeanne – Cédric Bouchard Blanc de Noirs Les Ursules 2005** (34 € cav. – 16,5/20)
13, rue du Vivier, 10110 Celles-sur-Ource
Tél. : 03 25 29 69 78 – www.champagne-rosesdejeanne.com
cbouchard@champagne-rosesdejeanne.com

■ **Dehours et Fils Extra-Brut Blanc de Pinot Meunier 2003** (30 € cav. – 15,5/20)
2, rue de la Chapelle, 51700 Cerseuil
Tél. : 03 26 52 71 75 – www.champagne-dehours.fr
champagne.dehours@wanadoo.fr

■ **Delamotte Brut Blanc de Blancs 1999**
(52 € cav. – 16,5/20)
7, rue de la Brèche-d'Oger, 51190 Le Mesnil-sur-Oger
Tél. : 03 26 57 51 65 – www.salondelamotte.com
champagne@salondelamotte.com

■ **Drappier Brut Grande Sendrée 2000**
(45 € cav. – 16/20)
Rue des Vignes, 10200 Urville – Tél. : 03 25 27 40 15
www.champagne-drappier.com
info@champagne-drappier.com

■ **Champagne Fleury Extra-Brut 1995**
(49 € – 18/20)
43, Grande Rue, 10250 Courteron – Tél. : 03 25 38 20 28
www.champagne-fleury.fr – champagne@champagne-fleury.fr

■ **Lamiable Brut Grand Cru Spécial Club 2002**
(22,50 € – 16,5/20)
8, rue de Condé, 51150 Tours-sur-Marne
Tél. : 03 26 58 92 69 – www.champagnelamiable.com
lamiable@champagnelamiable.com

■ **Guy Larmandier Brut Grand Cru Cramant Blanc de Blancs Prestige** (21 € – 17/20)
30, rue du Général-Kœnig, 51130 Vertus
Tél. : 03 26 52 12 41 – www.champagne-larmandier-guy.fr
guylarmandier@wanadoo.fr

■ **Pannier Extra-Brut Egérie 1999**
(44 € cav. – 15,5/20)
23, rue Roger-Catillon, BP 300, 02406 Château-Thierry Cedex
Tél. : 03 23 69 51 30 – www.champagnepannier.com
champagnepannier@champagnepannier.com

■ **Veuve A. Devaux Brut D de Devaux 1996**
(39,50 € – 15/20)
Union auboise, Domaine de Villeneuve, BP 17, 10110 Bar-sur-Seine
Tél. : 03 25 38 30 65 – www.champagne-devaux.fr
info@champagne-devaux.fr

Les prix indiqués sont TTC, ils sont fournis à titre indicatif et correspondent au cours du champagne auprès des négociants ou des propriétés pour les particuliers. Un carré blanc avant le nom du champagne signifie que l'on a affaire à un champagne blanc, un carré rose à un champagne rosé.

Champagne Gosset, la cave.

▶ **G**arder

Notre sélection à boire dans les 10 ans et plus

Les grands champagnes peuvent aussi défier le temps. Laissez aux grandes cuvées le temps de grandir, afin qu'elles expriment tout leur potentiel. Elles seront merveilleuses dans dix ans, et dans plus longtemps encore.

■ **Bollinger Brut La Grande Année 1999**
(100 € cav. – 18/20)
16, rue Jules-Lobet, BP 4, 51160 Aÿ – Tél. : 03 26 53 33 66
www.champagne-bollinger.fr – contact@champagne-bollinger.fr

■ **Krug Brut 1996** (200 € cav. – 19,5/20)
5, rue Coquebert, 51100 Reims – Tél. : 03 26 84 44 20
www.krug.com – krug@krug.fr

■ **Salon Brut Blanc de Blancs 1997**
(320 € – 18,5/20)
5, rue de la Brêche-d'Oger, 51190 Le Mesnil-sur-Oger
Tél. : 03 26 57 51 65
www.salondelamotte.com – champagne@salondelamotte.com

■ **Jacques Selosse Brut Grand Cru Contraste Blanc de Noirs** (60 € – 19/20)
22, rue Ernest-Vallé, 51190 Avize
Tél. : 03 26 57 53 56 – a.selosse@wanadoo.fr

■ **Billecart-Salmon Brut Grande Cuvée 1996**
(184 € cav. – 18,5/20)
40, rue Carnot, 51160 Mareuil-sur-Aÿ – Tél. : 03 26 52 60 22
www.champagne-billecart.fr – billecart@champagne-billecart.fr

■ **Deutz Brut William Deutz 1998**
(115 € – 17,5/20)
16, rue Jeanson, BP 9, 51160 Aÿ – Tél. : 03 26 56 94 00
www.champagne-deutz.com – france@champagne-deutz.com

■ **Dom Pérignon Brut 2000** (80 € – 17/20)
Moët et Chandon, 20, avenue de Champagne, 51200 Epernay
Tél. : 03 26 51 20 00 – www.domperignon.com

■ **Pol Roger Brut Sir Winston Churchill 1998**
(110 € – 18,5/20)
1, rue Henri-le-Large, BP 199, 51206 Epernay Cedex
Tél. : 03 26 59 58 00 – www.polroger.com – polroger@polroger.fr

■ **Louis Roederer Brut Cristal 2000**
(170 € cav. – 18/20)
21, boulevard Lundy, 51100 Reims – Tél. : 03 26 40 42 11
www.champagne-roederer.com – com@champagne-roederer.com

■ **Veuve Clicquot Ponsardin Brut La Grande Dame 1998** (103 € – 17,5/20)
12, rue du Temple, 51100 Reims
Tél. : 03 26 89 54 40 – www.veuve-clicquot.com

■ **De Sousa Brut Grand Cru Blanc de Blancs Cuvée des Caudalies 2002** (99 € – 17,5/20)
12, place Léon-Bourgeois, 51190 Avize
Influence du Terroir, 8, rue du Marché, 51190 Avize
Tél. : 03 26 57 53 29
www.champagnedesousa.com
contact@champagnedesousa.com

■ **Duval-Leroy Brut Femme de Champagne 1996**
(94 € cav. – 17,5/20)
69, avenue de Bammental, 51130 Vertus – Tél. : 03 26 52 10 75
www.duval-leroy.com – champagne@duval-leroy.com

■ **Gosset Extra-Brut Celebris Blanc de Blancs**
(125 € – 17/20)
69, rue Jules-Blondeau, BP 7, 51160 Aÿ – Tél. : 03 26 56 99 56
www.champagne-gosset.com – info@champagne-gosset.com

■ **Laurent-Perrier Brut Grand Siècle**
(170 € – 17,5/20)
32, avenue de Champagne, 51150 Tours-sur-Marne
Tél. : 03 26 58 91 22 – www.laurent-perrier.com

■ **Pierre Moncuit Brut Grand Cru Blanc de Blancs 1999** (28 € – 16/20)
11, rue Persault-Maheu, 51190 Le Mesnil-sur-Oger
Tél. : 03 26 57 52 65
www.pierre-moncuit.fr – contact@pierre-moncuit.fr

■ **Philipponnat Brut Clos des Goisses 1998**
(130 € – 17,5/20)
13, rue du Pont, 51160 Mareuil-sur-Aÿ
Tél. : 03 26 56 93 00 – www.champagnephilipponnat.com
info@champagnephilipponnat.com

■ **Ruinart Brut Blanc de Blancs Dom Ruinart 1998** (141 € – 17,5/20)
4, rue des Crayères, BP 85, 51053 Reims Cedex
Tél. : 03 26 77 51 51 – www.ruinart.com

■ **Taittinger Brut Blanc de Blancs Comtes de Champagne 1998** (180 € cav. – 18/20)
9, place Saint-Nicaise, 51100 Reims – Tél. : 03 26 85 45 35
www.taittinger.com – marketing@taittinger.fr

■ **G.H. Mumm Brut René Lalou 1998**
(150 € cav. – 16/20)
29, rue du Champ-de-Mars, 51100 Reims
Tél. : 03 26 49 59 69 – www.mumm.com
mumm@mumm.fr

■ **Jean Vesselle Brut Petit Clos** (54 € – 16/20)
4, rue Victor-Hugo, BP 15, 51150 Bouzy
Tél. : 03 26 57 01 55 – champagne.jean.vesselle@wanadoo.fr

Les prix indiqués sont TTC, ils sont fournis à titre indicatif et correspondent au cours du champagne auprès des négociants ou des propriétés pour les particuliers. Un carré blanc avant le nom du champagne signifie que l'on a affaire à un champagne blanc.

Champagne Mercier, fût sculpté.

FICHE DE DEGUSTATION

Nom du cru :
Appellation :
Millésime :   La date de dégustation :
Le vin est-il carafé ?   ❏ oui   ❏ non
Le moment :   ❏ déjeuner   ❏ dîner   ❏ hors repas
L'occasion :
La(les) personne(s) avec qui je déguste ce vin :

Le(s) plat(s) qui l'accompagne(nt) :

A L'ŒIL

COULEUR			INTENSITE	LIMPIDITE ET TRANSPARENCE
Rouge :	❏ vermillon	❏ jaune pâle	❏ faible	
❏ violet	❏ noir	❏ jaune vert	❏ légère	❏ cristallin
❏ pourpre	❏ tuilé	❏ jaune citron	❏ soutenue	❏ brillant
❏ grenat		❏ jaune paille	❏ foncée	❏ limpide
❏ rubis	**Blanc :**	❏ or pâle	❏ profonde	❏ voilé
	❏ Incolore	❏ or soutenu	❏ forte	❏ trouble

AU NEZ

EXPRESSION AROMATIQUE	❏ genêt	❏ agrumes	**Epicé :**	**Boisé :**
❏ faible	❏ tilleul	❏ abricot	❏ poivre	❏ chêne
❏ moyenne	❏ violette	❏ coing	❏ thym	❏ bois neuf
❏ intense	❏ pivoine	❏ ananas	❏ laurier	❏ bois humide
	❏ camomille	❏ banane	❏ garrigue	❏ balsa
FINESSE AROMATIQUE	❏ bruyère...	❏ groseille	❏ vanille	❏ pin
		❏ cerise	❏ cannelle	❏ cèdre...
❏ ordinaire	**Végétal :**	❏ fraise	❏ clou de girofle	
❏ fin	❏ foin coupé	❏ framboise	❏ réglisse	**Confiserie :**
❏ élégant	❏ herbe	❏ cassis	❏ zan	❏ miel
❏ raffiné	❏ fougère	❏ mûre	❏ goudron...	❏ praline
	❏ thé	❏ myrtille		❏ pâte d'amande
AROMES	❏ anis	❏ griotte	**Empyreumatique :**	❏ cake...
Floral :	❏ menthe	❏ fruits secs (noisette, noix, amande...)	❏ cacao	
❏ acacia	❏ fenouil		❏ café	**Lacté :**
❏ aubépine	❏ humus		❏ caramel	❏ lait
❏ œillet	❏ poivron	❏ pruneau, prune...	❏ tabac	❏ beurre frais
❏ chèvrefeuille	❏ champignon		❏ pain d'épice...	❏ yaourt...
❏ jacinthe	❏ truffe...	**Minéral :**	**Animal :**	
❏ jasmin		❏ pierre à fusil	❏ cuir	**Fermentaire :**
❏ iris	**Fruité :**	❏ craie	❏ fourrure	❏ levure
❏ fleur d'oranger	❏ pomme	❏ iode	❏ gibier	❏ mie de pain
❏ rose	❏ pêche	❏ silex	❏ venaison	❏ brioche
❏ lilas	❏ poire	❏ naphte...	❏ jus de viande...	❏ biscuit...

❏ autres : _____

EN BOUCHE

STRUCTURE	EQUILIBRE	❏ corsé	❏ creux	PUISSANCE AROMATIQUE
❏ fluet	❏ maigre	❏ velouté	❏ flasque	❏ très faible
❏ svelte	❏ agressif	❏ équilibré	❏ sec	❏ faible
❏ corpulent	❏ dur	❏ souple	❏ mou	❏ moyenne
❏ massif	❏ âpre	❏ sucré	❏ vif	❏ forte
❏ énorme	❏ robuste	❏ acide		❏ très forte

Le plaisir que j'ai éprouvé :

Ma note sur 20 :

FICHE DE DEGUSTATION

Nom du cru :
Appellation :
Millésime :   La date de dégustation :
Le vin est-il carafé ?   ❏ oui   ❏ non
Le moment :   ❏ déjeuner   ❏ dîner   ❏ hors repas
L'occasion :
La(les) personne(s) avec qui je déguste ce vin :

Le(s) plat(s) qui l'accompagne(nt) :

A L'ŒIL

COULEUR	❏ vermillon	❏ jaune pâle	INTENSITE	LIMPIDITE ET
Rouge :	❏ noir	❏ jaune vert	❏ faible	**TRANSPARENCE**
❏ violet	❏ tuilé	❏ jaune citron	❏ légère	❏ cristallin
❏ pourpre		❏ jaune paille	❏ soutenue	❏ brillant
❏ grenat	**Blanc :**	❏ or pâle	❏ foncée	❏ limpide
❏ rubis	❏ Incolore	❏ or soutenu	❏ profonde	❏ voilé
			❏ forte	❏ trouble

AU NEZ

EXPRESSION	❏ genêt	❏ agrumes	**Epicé :**	**Boisé :**
AROMATIQUE	❏ tilleul	❏ abricot	❏ poivre	❏ chêne
❏ faible	❏ violette	❏ coing	❏ thym	❏ bois neuf
❏ moyenne	❏ pivoine	❏ ananas	❏ laurier	❏ bois humide
❏ intense	❏ camomille	❏ banane	❏ garrigue	❏ balsa
	❏ bruyère...	❏ groseille	❏ vanille	❏ pin
FINESSE		❏ cerise	❏ cannelle	❏ cèdre...
AROMATIQUE		❏ fraise	❏ clou de girofle	
❏ ordinaire	**Végétal :**	❏ framboise	❏ réglisse	**Confiserie :**
❏ fin	❏ foin coupé	❏ cassis	❏ zan	❏ miel
❏ élégant	❏ herbe	❏ mûre	❏ goudron...	❏ praline
❏ raffiné	❏ fougère	❏ myrtille		❏ pâte
	❏ thé	❏ griotte	**Empyreumatique :**	d'amande
AROMES	❏ anis	❏ fruits secs	❏ cacao	❏ cake...
Floral :	❏ menthe	(noisette, noix,	❏ café	
❏ acacia	❏ fenouil	amande...)	❏ caramel	**Lacté :**
❏ aubépine	❏ humus	❏ pruneau,	❏ tabac	❏ lait
❏ œillet	❏ poivron	prune...	❏ pain d'épice...	❏ beurre frais
❏ chèvrefeuille	❏ champignon			❏ yaourt...
❏ jacinthe	❏ truffe...	**Minéral :**	**Animal :**	
❏ jasmin		❏ pierre à fusil	❏ cuir	**Fermentaire :**
❏ iris	**Fruité :**	❏ craie	❏ fourrure	❏ levure
❏ fleur d'oranger	❏ pomme	❏ iode	❏ gibier	❏ mie de pain
❏ rose	❏ pêche	❏ silex	❏ venaison	❏ brioche
❏ lilas	❏ poire	❏ naphte...	❏ jus de viande...	❏ biscuit...

❏ autres : _____

EN BOUCHE

STRUCTURE	EQUILIBRE	❏ corsé	❏ creux	PUISSANCE
❏ fluet	❏ maigre	❏ velouté	❏ flasque	**AROMATIQUE**
❏ svelte	❏ agressif	❏ équilibré	❏ sec	❏ très faible
❏ corpulent	❏ dur	❏ souple	❏ mou	❏ faible
❏ massif	❏ âpre	❏ sucré	❏ vif	❏ moyenne
❏ énorme	❏ robuste	❏ acide		❏ forte
				❏ très forte

Le plaisir que j'ai éprouvé :

Ma note sur 20 :

GLOSSAIRE

Acide malique (l')
Cet acide est présent naturellement dans le jus de raisin. Lorsque celui-ci fermente et que le sucre se transforme en alcool, l'acide malique demeure, mais il peut être facteur d'instabilité pour le vin, notamment rouge, car l'acide malique peut provoquer une nouvelle fermentation, d'origine bactérienne. C'est la raison pour laquelle le vigneron va provoquer une seconde fermentation, appelée fermentation malolactique, qui va transformer l'acide malique en acide lactique.

Biodynamie (la)
Technique agricole biologique, mise au point au début du XXe siècle par l'Autrichien Rudolf Steiner, qui prend en compte l'influence magnétique de la Terre, de la Lune et du Soleil dans le développement de la plante et de ses défenses naturelles.

Blanc de blancs, blanc de noirs (champagne)
Ces deux dénominations font référence aux cépages employés. Blanc de blancs signifie que le champagne a été élaboré exclusivement à partir de raisins blancs (essentiellement du chardonnay en Champagne). Blanc de noirs veut dire que le vin a été élaboré à partir des cépages noirs (pinot noir et pinot meunier), soit ensemble, soit individuellement.

Brut sans année (champagne)
Le champagne brut sans année est un assemblage de vins de plusieurs années.

Brut, sec, demi-sec (champagne)
Ces mots désignent des champagnes qui vont du plus sec au moins sec, selon la proportion de liqueur d'expédition ajoutée. « Non dosé », « brut intégral » ou « brut nature » indique l'absence de toute liqueur (et donc les champagnes les plus secs), le remplissage de la bouteille ne se faisant qu'avec du vieux vin tranquille. Le champagne brut contient moins de 12 grammes de liqueur de dosage.

Cordon (le)
En matière de vin effervescent, ce terme désigne l'anneau de bulles situé à la surface du vin lorsqu'il repose dans le verre.

Dégorgement (le)
Cette opération suit le remuage. Elle consiste à expulser de la bouteille le dépôt constitué essentiellement de levures mortes, résultant de la prise de mousse.

Fermentation alcoolique (la)
Une fois que la vendange est mise en cuve, la fermentation alcoolique transforme les sucres en alcool sous l'action de levures. Pour certains vins et dans certaines régions, cette fermentation est suivie d'une seconde, la fermentation malolactique.

Fermentation malolactique (la)
Transformation de l'acide malique en acide lactique. Elle diminue l'acidité et assouplit le vin. Elle est bénéfique aux vins rouges et à certains blancs, qui sont ensuite élevés en fût de chêne. On l'évitera, en revanche, pour les blancs secs, qui recherchent fraîcheur et arômes.

Gyropalette (la)
Casier à rotation automatique utilisé pour le remuage (voir ce mot ci-dessous) des vins effervescents.

Liqueur d'expédition (la)
Cette liqueur est un mélange de vin tranquille et de sucre qui est ajouté au champagne, après le dégorgement. En fonction de la proportion de liqueur d'expédition, le champagne sera brut, sec ou demi-sec.

Liqueur de tirage (la)
Cette liqueur, mélange de vin, de sucre et de levures, est ajoutée au vin au moment de la mise en bouteilles afin de produire une seconde fermentation, qui va générer du gaz carbonique.

Prise de mousse (la)
C'est la deuxième fermentation opérée par le chef de cave, lorsque le vin est mis en bouteilles avec une liqueur de dosage. Comme la bouteille est hermétiquement fermée, le gaz carbonique produit par cette seconde fermentation ne peut s'échapper, c'est ce qui va engendrer l'effervescence des champagnes.

Remuage (le)
Opération qui consiste, dans l'élaboration des vins effervescents, à tourner régulièrement un ensemble de bouteilles installées sur des pupitres inclinés ou des gyropalettes (voir ce mot), et qui permet de faire glisser les dépôts dans le goulot.

Rétro-olfaction (la)
Technique de dégustation qui consiste, une fois le vin en bouche, à l'aérer en inspirant de l'air lèvres serrées, afin de percevoir les arômes par voie rétro-nasale.

Vieillissement sur lattes (le)
Après la deuxième fermentation en bouteille (appelée également méthode champenoise), le vin est stocké horizontalement afin que la prise de mousse s'opère lentement et que le vin s'affine avant les opérations finales (remuage et dégorgement).

INDEX DES PROPRIETES

A

Agrapart et Fils 28, 49, 64
Arnould (Michel et Fils) 64
Ayala & Co (Champagne) 52

B

Bara (Paul) 28, 49, 86
Barnaut 28, 38, 64, 86
Bedel (Françoise et Fils) 52, 64
Bérêche et Fils 54, 64, 84
Billecart-Salmon 28, 41, 84, 88
Bollinger 28, 57, 84, 88
Boulard (Raymond et Fils) 64, 84

C

Coulon (Champagne Roger) 84

D

Dehours et Fils 64, 86
Delamotte 38, 86
De Sousa 28, 50, 64, 88
Deutz 28, 42, 84, 88
Diebolt-Vallois 84
Dom Pérignon 28, 59, 88
Drappier 64, 86
Duval-Leroy 28, 32, 64, 86, 88

E

Egly-Ouriet 28, 57, 64

F

Fleury (Champagne) 86

G

Gatinois 28, 33, 84
Genet (Michel) 54, 64

Geoffroy (René) 55
Gimonnet (Pierre et Fils) 28, 33, 64, 86
Gonet-Médeville 63, 84
Gosset 28, 34, 84, 88
Gratien (Alfred) 28, 50, 86
Guy Charlemagne 64

H

Heidsieck (Charles) 28, 41, 84
Henriot 28, 42, 84, 86

J

Jacquesson 28, 43, 84, 86

K

Krug 28, 58, 88

L

Lallement (Jean et Fils) 28, 34, 63, 84
Lamiable 86
Larmandier-Bernier 28, 43, 63, 84
Laurent-Perrier 28, 35, 63, 88
Laval (Georges) 55
Ledru (Marie-Noëlle) 28, 46, 63, 86
Lilbert-Fils 28, 36

M

Mailly Grand Cru 28, 86
Moët et Chandon 84
Moncuit (Pierre) 28, 36, 63, 88
Mumm (G.H.) 88

P

Pascal (Franck) 28, 51, 86
Perrier (Joseph) 28, 37, 86
Philipponnat 28, 37, 88
Pol Roger 28, 44, 88

R

Roederer (Louis) 28, 44, 84, 88
Roses de Jeanne - Cédric Bouchard 28, 51, 86
Ruinart 28, 47, 88

S

Salon 28, 58, 88
Selosse (Jacques) 28, 59, 88
Soutiran (A.) 28

T

Taittinger 28, 47, 63, 88

V

Veuve Clicquot Ponsardin 28, 46, 84, 88

ADRESSES

Comité interprofessionnel du vin de Champagne (CIVC)
Cette structure rassemble l'ensemble des acteurs de la filière et assure la promotion des vins de Champagne. Elle dispose également d'un bon site internet.
5, rue Henri-Martin 51200 Epernay – Tél. : 03 26 51 19 30 – www.champagne.fr

Office de tourisme de Reims
Indispensable de passer à l'office de tourisme avant de visiter les grandes maisons rémoises. Il propose également des visites thématiques.
2, rue Guillaume-de-Machault, 51100 Reims
Tél. : 03 26 77 45 00 – www.reims-tourisme.com

Office de tourisme d'Epernay
Tout comme son homologue de Reims, l'office de tourisme d'Epernay est une étape pratique utile avant de visiter les producteurs de la région.
7, avenue de Champagne, 51200 Epernay – Tél. : 03 26 53 33 00 – www.ot-epernay.fr

Comité départemental du tourisme de la Marne
De nombreuses idées de visites à la découverte du vignoble champenois sont proposées par le comité départemental du tourisme de la Marne. Son site internet est à la fois clair et très pratique.
13 bis, rue Carnot, BP 74, 51006 Châlons-en-Champagne Cedex
Tél. : 03 26 68 37 52 – www.tourisme-en-champagne.com

CREDITS

GROUPE FIGARO

DIRECTEUR GENERAL,
DIRECTEUR DE LA PUBLICATION
Francis Morel

DIRECTION DU PROJET
Lionel Rabiet

COORDINATION
Emilie Bagault

FABRICATION
Christian Demeyer
Marion de Chalonge

EDITE PAR
La Société du Figaro
14, bd Haussmann, 75009 Paris
Tél. : 01 57 08 50 00
www.lefigaro.fr

DEPOT LEGAL : novembre 2008

ISBN COLLECTION : 978-2-8105-0054-3

ISBN VOLUME N° 13 : 978-2-8105-0067-3

ACHEVE D'IMPRIMER
2ᵉ semestre 2008

IMPRIME PAR
Mondadori Printing à Vérone (Italie)

LA REVUE DU vin DE FRANCE — GROUPE marie claire

DIRECTION D'EDITION
Thierry Lamarre

CONSEILLER EDITORIAL
Denis Saverot

CONSEILS ET EXPERTISE TECHNIQUE
Raoul Salama

CONCEPTION ET REALISATION EDITORIALE
Jérôme Baudouin

SELECTION VINS ET ACCORDS METS-VINS
Olivier Poels

DEGUSTATION DES VINS ET COMMENTAIRES
Bernard Burtschy, Antoine Gerbelle, Philippe Maurange, Roberto Petronio, Olivier Poels, Olivier Poussier

COTE DES VINS
Angélique de Lencquesaing (iDealwine.com)

DIRECTION ARTISTIQUE
Constance Gournay

ICONOGRAPHIE
Isabelle Teboul, Catherine Guillard

SECRETARIAT DE REDACTION
Georges Boudier, Olivier Farfal

PLANNING/COPYRIGHT
Adeline Lobut

CARTE ET INFOGRAPHIE
Jean-François Dutilh/Geographisme (p. 17, 21)

PHOTOGRAPHIES
Jérôme Baudouin (p. 22b, 23, 67)
SCOPE : p. 11c ; 89 ; **Jean-Luc Barde** (p. 9b, 60) ; **Daniel Czap** (p. 13a) ; **Pascale Desclos** (p. 11d) ; **A. Guerrier** (P. 11a) ; **Jacques Guillard** (p. 4, 7, 9c, 9d, 13c, 13d, 14, 16, 19, 20-21, 21, 22, 25a, 25b, 27a, 27b, 28, 32, 35, 39, 40, 48a, 48b, 53a, 53b, 56a, 56b, 63, 65, 68, 71, 80, 85, 87) ; **Michel Guillard** (p. 9a, 11b, 45a) ; **S. Matthews** (p. 45b) ; **M. Plassart** (p. 13b).
SIC : Fabrice Leseigneur (p. 70) ;
VINALYS : Amarante Puget (p. 83a, 83b)

RECETTES
© **Madame Figaro**
p. 72 : photographie **Bernhard Winkelmann** ; réalisation **Michèle Carles**
p. 74 : photographie **Bernhard Winkelmann** ; réalisation **Michèle Carles**
p. 76 : photographie **Bernhard Winkelmann** ; réalisation **Michèle Carles** et **Isabelle Laforge**
p. 78 : photographie **Jacques Caillaut** ; réalisation **Michèle Carles**

*© 2008, Editions Marie Claire -
Société d'Information et de Créations - SIC*